〈関西学院大学研究叢書　第171編〉

カナダの暮らしと言語
―カナダ英語の背景―

浅田壽男 著

トロント島からダウンタウンを望む

朝日出版社

はしがき

　本書は、筆者がカナダ・ヨーク大学の客員研究員としてオンタリオ州トロントで暮らした日々の体験や知見を元に、カナダの暮らしと言語についてまとめたものである。出発点となったのは2011年から2014年まで主として関西学院大学社会学部紀要に連載した5編の拙論であり、これらに手を入れて組み入れたところもあるが、本書はほぼ全編、新たな書き下ろしである。

　馬齢を重ねて60代半ばを迎えた今、ふとこれまでの来し方を振り返れば、英語学の道に足を踏み入れたことは、まさに人生の最初の岐路だった。

　1960年代後半、未曾有の受験戦争のさなか、夏目漱石に憧れて国文学を志し、2年間の大学浪人まで経験したが、夢は3度とも叶わなかった。結局はかろうじて二期校の神戸市外国語大学に入学させていただいたが、当時は英語学の道など意識にもなかった。

　しかし、人生は不思議なもので、大学2年の終わりにゼミが決まらず、ぐずぐずしているうちに選択期限が迫り、このままではゼミ未決定で3年になれないという事態に慌て、藁をもすがる思いで、授業を受けたこともなかった故小西友七先生にご相談しようと突然、お電話した。この辺の事情は、小西先生のご逝去に際して追悼の一文として某誌に掲載した内容と重なるが、先生は心優しくも見ず知らずの筆者をご自宅に招いて下さり、長時間のお話の後、「文学でなくて語学をやるならゼミに入れて上げましょう。事務室には連絡をしておくから心配ない」と言って下さった。もちろん「はい」と即断即決のご返事をした。これが英語学の道への第一歩だった。

　その後、小西ゼミでご指導を仰ぎ、また先輩、後輩、同輩との切磋琢磨の中で、長い浪人生活をしたにも関わらず夢叶わなかった悔しさや劣等感を胸に秘めながら、青春の情熱を英語の文法・語法研究に注いだ。特に院生時代を思い起こすと、高校教諭として勤務しながら神戸外大に通った頃は、朝一番に大学に行き、時間の許す限り居て、午後、姫路へ向かって山陽電車の飾磨駅（姫路駅の1駅手前）から徒歩10分ほどの高校でただ1人の英語教員として勤めた。夜10時もとうに過ぎて帰宅、慣れない自炊の日々、事情で高校勤務4年間のうち、最後の1年間は尼崎市内の実家に戻ったが、この1年間は片道3時間の道のりを、毎朝、始発電車で勤務に向かい、深夜、最終電車で尼崎の実家に戻った。今思うと生活においても学問においても正に艱難辛苦の時代だったが、見方を変えればこれほど充実した幸せな時代は他になかったとも言える。

　小西先生の思い出は尽きない。北九州大学（現、北九州市立大学）に採用されることになった折、お忙しい先生は教授会の最中に推薦書を書いて下さり、会議室の外で待ち構えて、ありがたくいただいて帰ったこともあった。また先生は余りにもお忙しい身であられたので、教え子の結婚に際してお仲人をされることは極めて稀だったが、筆者の新しい人生の門出に際しては、快くお仲人をお引き受け下さり、心から祝って下さったことは幸せの極みだった。ちなみに、この華燭の典では同じく恩師の故近藤達夫

先生が新郎側代表を務めて下さり、同じく恩師の故高原脩先生や世界的に著名な言語学者の柴谷方良先生をはじめ、多くの先輩や学友に祝っていただいた。文字通り、人生で最良の日だった。とにかく神戸外大では小西先生や近藤先生をはじめとする多くの恩師から数え切れないご恩を受けた。

さて、1970年代は、英語の文法と言えば変形文法と言われたように、変形文法が世を席巻した時代であり、言語学を専門としない一般の人々でさえチョムスキーや変形文法を話題にした時代だった。筆者自身も変形文法を専攻するのが当然のように思っていた。

しかし、時代の寵児であった華々しい変形文法の陰に隠れた地道な言語学の研究手法について、当時、京都大学の西田龍雄教授の門下生で新進気鋭の言語学者として神戸外大に赴任されたばかりの近藤先生に、最新の言語理論だけを追い求めるのではなく、まず言語を観察することが重要であること、そのための構造言語学について親しくお教えを受けた。先生は筆者のような未熟者を可愛がって下さり、例えば、学部を卒業して姫路市内の高校で初めて教壇に立った時に、それまで1人暮らしの経験がなかった筆者を案じて、はるばる姫路市郊外の教職員住宅にまで陣中見舞いと称して山ほど食料品を抱えて訪ねて来て下さった。今、思い出しても目頭が熱くなる。

また、国際基督教大学（ICU）のご出身で、同志社大から神戸外大に移って来られたばかりの高原先生には、日本では容易に入手できない海外の最新文献を度々お借りして、最先端の研究動向を知り、研究への刺激をいただいた。先生からお借りした文献は、いずれにも「P. O. Takahara」とか「Paul Osamu Takahara」と流れるような達筆でサインが書き込まれていて、新進気鋭の学者のダンディーな雰囲気を感じて憧れた。

さらに国語学の故蔵中進先生にも目をかけていただき、学部時代から様々なお教えを受けたが、特に院生の時、神戸外大の言語学者を中心とした研究会だった「水門（みなと）の会」で多くの先生や諸先輩に混じって、研究発表の機会や拙論を掲載する機会を何度もいただいた。そもそも伝統的な国語学の研究の場で、変形文法の研究や論文は、筆者など駆け出しの身であり、研究会のメンバーの目には異端児と映ったに違いないが、それにも関わらず先生は常に温かく見守って下さった。

神戸外大の恩師を語れば際限がない。このように一言では語り尽くせない学恩のお陰で、兵庫県の高校教員採用試験に10数倍の狭き門を突破して合格し、自ら定時制高校（夜間高校）を選び、昼は神戸外大の大学院に通ったが、その頃には浪人時代から持ち続けていた劣等感も完全に吹き飛び、ますます英語学に打ち込んだ。

特に院生の頃、いかにがむしゃらに英語学に打ち込んでいたかを話せばいくらでも思い出話がある。当時、日本の英語学界の重鎮で、筆者のような駆け出しには雲の上の人だった上智大学（元東京教育大学）の太田朗先生に手紙を書き送り、持っておられた未刊の原稿をお借りしようと思った。先生はすぐにご返事を下さり、「頁数が多すぎてすぐにコピーできないから、上智に来れば貸して上げましょう」とのお言葉に、即日上京して、500枚を越える原稿を全

てコピーさせていただいた。後ほどそのことを聞いた高原先生が、そんな偉い先生から原稿を借りたとは、と驚かれたが、いつかそれを貸して欲しいと頼まれてお貸ししたことがあった。

　また、1977年夏に2ヶ月もの間、ハワイ大学で行われたアメリカ言語学会（LSA）の夏期講習会に参加した時、当時、日本人で世界的な言語学者として有名だった南カリフォルニア大学（南加大）準教授の柴谷方良先生も、ハーバード大学の久野暲教授と共に講師として参加されていた。蛇足だが、筆者は柴谷先生、久野暲教授、Charles Fillmore教授の3科目で単位を取得した。ともあれ、ある日、キャンパス内のプールでご挨拶したことが縁となり、柴谷先生と親しくなった。それからしばらくして、先生からいただいたお手紙に「日本に帰りたい」と書かれてあったので、それなら母校の神戸外大に来ていただきたいと願ったが、神戸外大では年齢が若過ぎて、準教授でしか採用されないことが分かった。先生は、同じ準教授なら国立の神戸大学の方にと、結局は神大に移られた。この辺の事情はごくごく一部の関係者しか知らない秘話だが、もう遠い昔のこととなり、どなたにも迷惑はかからないと思って、初めてここに披露した。ちなみに、柴谷先生は、先にも述べたように筆者の結婚式にもご参列下さり、温かな祝辞をいただいた。また、南加大から神大に移られた直後には、神大教養部近くにあったご自宅マンションに招待され、妻と2人で奥様の手料理をご馳走になった思い出もある。

　余りにも身の程知らずのがむしゃらぶりは、今、思い出すと冷や汗ものだが、一心不乱に英語学に取り組んでいた頃の情熱のなせる業と読み流していただければ幸いである。すでにこの頃には、英語学は単なる学問研究ではなく、自分にとって、一生懸命に打ち込めば打ち込むほど我が身を救ってくれる「神」や「信仰」になっていた。

　ただ、人生の岐路はいくつもある。高校の教員を4年続ける中、修士も終え、その後、縁があって、1人として身寄りのない小倉に移り住み、北九大・外国語学部に勤務することになった。大学の教壇に立つに当たり、授業も研究も専門の英語学だけで日を送ったことは、それだけでも幸せだったが、助手2年半、専任講師3年、助教授9年半を経て、43歳で教授にもしていただいた。

　しかし、いつどこで転機が訪れるかは神のみぞ知るで、40代後半になって、急に親の介護という予想もしなかった問題が起きて、九州でそれまでに築いたものを全て捨てて関西へ戻らなければならなくなった。50歳を目前にして関西学院大学社会学部の公募に応募して幸いにも採用していただき、親元に帰って来られた。さらには、その翌年に新設された、関学で初の独立研究科である大学院・言語コミュニケーション文化研究科にも創立時から加わらせていただき、これまでの英語学研究も前任校での経験も直接、役立つことにもなった。

　親の介護という家庭の事情から関西に戻ることになったのも自分の運命であり、念願が叶って関西に戻れたこと自体、いくら感謝してもしきれないが、実は最も感謝すべきは、新しい職場で、英語や英語学の研究に対して、それまでは英語という木ばかり見ていたのが、英語の背景にある文化や

社会という森を丘の上から見るような目を養ってくれたことである。特に社会学部の英語担当者として当然ながら社会や文化との関連で英語を取り上げるしか、特にゼミでも各種の演習でも授業や講義にならなかったので、すぐに筆者の言葉に対する見方なり、研究対象なりを変えてくれた。今、このことを関西学院大学に、そして社会学部に対して一番感謝している。

しかも、アメリカ英語しか知らない筆者を、2005年から2006年にイギリスへ、2010年にはカナダへ送り出していただき、イギリスやカナダで暮らし、イギリス英語やカナダ英語に直に接する貴重な体験をさせていただいた。

長くなったが、このような経緯がなければ、カナダ英語の背景にあるカナダの文化や暮らしに目を向けることはなかった。人生は1本の道であるが、いつどこで転機があり、岐路があるのか、今、改めて振り返ると、人の運の不思議さに深い感慨を覚える。このように、筆者が言葉の背景にある文化や社会といったものに引きつけられたのも、大げさに言えば宿命だったのかもしれないが、その大きな転機を与えてくれた関西学院大学ならびに社会学部に改めて感謝したい。おそらくは前任校ではこのような言葉に対する視点の大きな転換はなかったに違いない。関西学院大学に移り、文化や社会から英語を見るという全く新しい目を養っていただき、そのささやかな成果の一端を曲がりなりにもこのような形にできたことを嬉しく思うと共に、数え切れないほど多くの方々の温かなご理解やご支援の賜物であることを忘れることはない。

先に述べた通り、小西先生をはじめとする神戸外大の多くの恩師の学恩と共に、もちろん前任校の北九大とその関係者各位にも厚くお礼を申し上げたい。筆者が英語学や英語文法に専念させていただいただけでなく、最初の『英語学研究』（岡山：大学教育出版）という単著の出版や、1983年から1984年にかけて米国カリフォルニア大学バークレー校留学（「滅び行く言語」で著名な青木春夫教授にホストをしていただいたが、急に青木先生がフィールドワークのためサバティカルを取られたので、その後をGeorge Lakoff教授が引き継いでくださった）の機会をいただき、21年もの長きに渡って先輩、後輩、同僚、職員の方々、良き学生に支えていただき、大学教員としての経験を積ませていただいた。多くの優秀な教え子にも恵まれ（英米学科では夜間学部もあり、昼と夜のゼミを合わせると毎年20～30名のゼミ生を担当したので、その数は21年の間に膨大なものとなった）、英語の専門家や教育者としてだけでなく、社会の様々な分野で大いに活躍しているが、中でも九州ルーテル学院大学準教授の百武玉恵氏と北九州市立大学講師の木梨安子氏のお2人は北九大時代の、それぞれ院と学部のゼミを代表する最後のゼミ生だったが、筆者が関西に移った後も交流を絶やさず、公私共に筆者を支えてくれている。本書の執筆に際しても度重なる支援をいただいた。お2人には心から感謝する。

勤務先の関西学院大学では、本書を「関西学院大学研究叢書」の第171編として出版していただく光栄に浴した。大学の関係各機関、ならびに関係者各位に衷心からお礼を申し上げる。社会学部長荻野昌弘先生をはじめ、社会学部の先生方、職員の方々には、出版助成を受ける様々な段階で温か

いご支援をいただいた。中でも社会学部教授・図書館長の奥野卓司先生からは出版へのお励ましを頂戴して大いに勇気づけられた。また常にご一緒させていただいている社会学部英語科の先生方の中でも岡田弥生先生から本書の出版に際し様々なお励ましとご助言をいただいた。ここに記して深くお礼申し上げる。留学の成果の一端を、ささやかながら本書の出版という形で公に出来たのも、社会学部関係者各位のご支援の賜物であり、ここに深甚の謝意を表したい。

また、学部を越えてご一緒させていただいている言語教育センターならびに創設時から加わらせていただいている大学院言語コミュニケーション文化研究科の諸先生、事務局の方々の日頃のお支えが本書の出版に結びついている。とりわけ経済学部教授で前・言語コミュニケーション文化研究科長の神崎高明先生には、筆者が前任校にいた頃から辞書のお仕事などでご一緒させていただき、現在にいたるまで親しくご指導ご鞭撻いただいている。深く感謝申し上げる次第である。

さらに、直接に本書執筆のきっかけとなったカナダ・ヨーク大学留学については、快く研究員として受け入れて下さったヨーク大学英語学部の関係者各位とヨーク大学関係諸機関に心から謝意を表する。英語学部長（English Chair）の Arthur F. Redding 教授ならびに学部長補佐（Assistant to the Chair）の Rose Crawford 女史には渡加前の面倒な書類の準備に始まり、到着後の様々な手続きから専用の個人研究室の手配に至るまで限りないご厚意を賜った。また英語学部と別組織の言語学部（Department of Languages, Literatures and Linguistics）教授の虎谷紀世子先生には大学へのご案内からトロントでの日常生活に至るまで、あらゆる面で身内のように親身になってお世話下さり、助けて下さった。しかも筆者が帰国した後も、言語コミュニケーション文化研究科の創立10周年記念の講演会に、はるばるカナダからお越しの上、貴重な講演をして下さった。常日頃から虎谷先生には妻共々心より感謝している。キャンパスでの暮らしについては、住居担当（York Suites）の Steve Walker 氏に日本を出発する前から最適のアパートを選び、到着してすぐに快適な暮らしが出来るようにご配慮をいただいたし、入居後も温かくおもてなしいただいた。またキャンパスの内外で国際課留学生担当（International Student Service, York International）の Nadia Serrentino 女史が親身になってお世話して下さった。ヨーク大学の多くの方々にお世話いただいたことを記して、それらの方々に改めてお礼を申し上げる。

ヨーク大学留学に際し、関学大・研究支援課（現、研究推進社会連携機構）の事務長であられた小浪寿文氏は、筆者が社会学部に赴任した翌年の2001年に新設された大学院・言語コミュニケーション文化研究科で長らくご一緒させていただき、何かとお世話になったが、留学の実現にも心強いご支援をいただいた。また当時の研究支援課におられた鈴木芙蓉氏には、度々留学先から研究費に関する様々なお尋ねをしたが、いつも親切丁寧にご返事を下さり、安心して留学生活が送れた。お２人には心からお礼を申し上げる。現在、研究支援課は研究推進社会連携機構へと組織が変わったが、

この新しい機構の下で本書を関西学院大学研究叢書の1編として出版していただくに当たり、関係の方々には大変お世話になった。中でも直接、実務をお執り下さった白坂建氏に感謝したい。以上の全ての方々に、ここに改めて衷心からお礼を申し上げると共に、本書が報恩の印になれば幸いである。

　出版に際し、朝日出版社取締役社長・原雅久氏、同社編集部・小川洋一郎氏、朝日出版社グループ・エーアンドエー株式会社代表取締役社長・清水浩一氏、同社編集部・近藤千明氏、デザイナー・越海辰夫氏に心から感謝したい。清水社長も近藤氏も本書刊行のあらゆる段階で実務をご担当下さり、そのご尽力がなければ本書は完成しなかった。また本書の装丁から記事や写真のレイアウトに至るまで素晴らしいものにして下さった越海氏にも深甚なる謝意を表する。さらに小川氏には、筆者の前任校の時代から教科書や出版物のことで常にお世話になって来たが、この度の出版に際しても多大なご尽力をいただいた。言うまでもなく、原稿から出版まで拝眉の機会に恵まれなかった出版社の多くの方々にも心から御礼を申し上げたい。

　最後に身内への感謝は面映ゆいが、この度、本書を刊行出来たのも、常日頃から筆者を支え、励ましてくれる家族がいたからであることを忘れる者でない。特に「共に白髪の生えるまで」と一緒に精一杯頑張ってきた妻・初子は「内助の功」の言葉通り、今日まで筆者を陰になり日向になり支え続けてくれている。ここに心から「ありがとう」と言いたい。

　なお末筆ながら、本書が専門家の方々だけに止まらず、広く一般の読者のお役にも立てば、筆者としてこれに過ぎる喜びはない。もちろん全力で執筆に取り組んだものの浅学非才の身ゆえ、思わぬ誤りや誤解を招く箇所も多々残っていると思う。それらについては読者諸兄姉の温かいご叱正をいただければありがたき幸せである。

2015年3月吉日
　　　　　　　　　　　宝塚市の寓居にて
　　　　　　　　　　　　　　浅田壽男

はしがき　2

第1章　はじめに　13

　　1　本書の目的　15
　　2　カナダ英語の複雑さ　16
　　3　カナダ英語の文法研究・語法研究について　17

第2章　ヨーク大学の概要　19

　　1　ヨーク大学　21
　　2　ヨーク大学のアパート　25

第3章　カナダ英語の特徴　29

　　1　カナダ英語とはどのような英語か　31
　2　イギリス英語の規範とアメリカ英語の規範の混在　32
　　　3　綴りにおける規範の混在　32
　　　4　文法・語法面に見る規範の混在（その1）　33
　　　5　文法・語法面に見る規範の混在（その2）　33
　　　6　文法・語法面に見る規範の混在（その3）　34
　　　7　文法・語法面に見る規範の混在（その4）　34
　　　8　カナダ英語独特の表現「eh?」　35
　　　9　カナダ英語の発音　39

第4章　日々の暮らしから知り得たカナダ英語

第1部　カナダ英語の中のイギリス英語 43
1　地下鉄駅のアナウンス「Mind the gap.」 43
2　motherの略語「mum」 44
3　イギリス英語の罵り語「wally」 46

第2部　カナダ英語の中のアメリカ英語 48
1　綴り字の簡素化：略語「nite」 48
2　綴り字の簡素化：略語「sox」 48
3　夜なのに「sunny」 49
4　「持ち帰り」の表現 50
5　コーラを表す「coke」は避けられる 50
6　「おむつ」の表現 50
7　「路面電車」の表現 50
8　「地下鉄」関連の表現 51
9　「バーゲン」と同義の「promotion」 52
10　「エスカレーター」もアメリカ英語式 53

第3部　英米折衷型の語句・表現、ならびにカナダ英語独自の語句・表現 54
1　建物の階数表示について 54
2　謳い文句の「Toonie Tuesday」 56
3　「bobblehead」 58
4　Canajan（カナダ英語）の発音に関する覚え書き 61
5　「閉店、廃業」の意を表す「deadpool」 64
6　形態素「centre-」と「center-」の共存 64

第5章　カナダの暮らしから

1　カナダの医療事情、病院事情 …… 69
2　飲酒に対する厳しい制限 …… 72
3　文房具の入手は難しい（その1）―マジックインキを例に― …… 74
4　文房具の入手は難しい（その2）―カナダには便箋がない― …… 75
5　カナダの 理容店・美容院事情 …… 76
6　カナダのパブ …… 78
7　トロントには日本人街がない …… 79
8　カナダの郵便事情 …… 84
9　自動車や運転に関連する覚え書き …… 85
10　政治形態の日加の相違（カナダ総督）…… 88
11　カナダの国民性点描 …… 89
12　VIA鉄道の車内照明から見えて来るカナダ人の暮らしぶり …… 90
13　カナダの鉄道とイギリスの鉄道の違い …… 92

第6章　カナダの祭りと遊園地

1　はじめに …… 95
2　カナダの祭り …… 95
　2-1　年間の祭り …… 95
　2-2　プライドパレード …… 97
3　カナダの遊園地（その1）カナダズ・ワンダーランド …… 99
4　カナダの遊園地（その2）オンタリオ・プレイス …… 102
5　カナダの遊園地（その3）トロント・アイランドと
「センターヴィル・アミューズメントパーク」…… 104

6　カナダの遊園地（その4）ブラック・クリーク・パイオニア・ビレッジ 🍁🍁🍁🍁 106
7　トロント動物園 🍁🍁🍁🍁 108

第7章　トロントとその周辺の名所旧蹟

1　トロントの名所旧蹟（その1）カサ・ローマ 🍁🍁🍁🍁 115
2　トロントの名所旧蹟（その2）スパダイナ博物館 🍁🍁🍁🍁 117
3　トロントの名所旧蹟（その3）ヨーク砦 🍁🍁🍁🍁 118
4　ナイアガラの滝 🍁🍁🍁🍁 122
5　ナイアガラ・オン・ザ・レイク 🍁🍁🍁🍁 129

第8章　カナダ東部点描

1　オタワ 🍁🍁🍁🍁 135
2　モントリオール 🍁🍁🍁🍁 139
3　モン・トランブラン 🍁🍁🍁🍁 146
4　ケベック 🍁🍁🍁🍁 151
5　プリンス・エドワード・アイランド 🍁🍁🍁🍁 155

参考文献

専門図書・論文
辞書・雑誌類
インターネット web サイト

あとがき 166
索　引 168
著者紹介 174

第1章 はじめに

トロント新市庁舎をシェラトン・ホテル最上階から（2010年3月27日）

1
本書の目的

　すでに一連の拙稿 (2011, 2012a, 2012b, 2013, 2014) の冒頭で繰り返し述べたが「言葉の背景にあるものを見ることは、言葉の理解を何より深めさせてくれる」という観点に立って、本書はそれらの拙稿の趣旨を引き継いで、カナダ英語やカナダの暮らしと文化について、より一層の理解のために筆者自身がカナダのトロントに滞在した半年間の日常生活*1 から得た体験や知見を踏まえて、カナダ英語ならびにカナダの日常生活や風俗・習慣のいくつかを取り上げて、特に我が国では知られていない側面を中心に論じるものである。

　ちなみに、上山・井上 (1993: i ページ) の冒頭に「言語や文化*2 はその国の歴史、気候や地理的な条件、社会、政治、経済、文化、教育等と密接な関連がある。また国民の生活とも関係があり、これらをはなれて言語や文学は考えられない。一つの単語や文章にも、それを使ってきた国民の歴史、文化が反映している。従って我々が言語や文学を研究するに際して、その背景を考察することは大切なことである」と述べられているが、奇しくも本書や一連の拙稿と趣旨を同じくしている。

　このように本書の目的は、カナダ英語とその背景について、個人の体験という限界や偏りは避けられないにしても、従来の書物の中の限られた知識や巷間の不十分な情報を補いたいというところにある。

　巷にはカナダの紹介や風物地誌に関する文献、研究書も少なからずあるが、情報は様々で、どの情報が正しいのか、どの情報が信頼に足るのか、という肝心のことが定かではない。例えば日本では「カナダは、日本のように地震が起きない」と思われているようだが、筆者は 2010 年 6 月 23 日 (水曜) の昼下がり、ヨーク大学キャンパスにて研究室からアパートに昼食休憩に戻って一休みしていた 13 時 45 分に、突然、地震が起きて、鉄筋の頑丈なアパートがユサユサと揺れて大変驚いた。その夜のテレビ・ニュースによれば「オンタリオ州とケベック州の州境を震源地としたマグニチュード 5.5 の地震が両州を大きく揺るがした」とのことだった。このように、「地震がない」というのは誤った噂であり、日本ほど頻繁ではないが、地震はカナダにもある。

　また海外旅行のガイドブックも貴重な情報源であるが、すでに情報が古くなっていて役立たないということもある。これはこの種の出版物の宿命として、情報収集から出版までのタイム・ラグがあるので致し方ないが、時々、明らかな誤りがあって困ることもある。今思い起こせば笑い話に過ぎないが、筆者が英国ノッティンガム大学に滞在していた時、帰国の土産を買いにロンドンへ出向いたが、日本で出版されたイギリス旅行の某ガイドブックを見たら「日本へのお土産にはティー・キャンディーがお奨めである」と書いてあったので、紅茶で有名な王室御用達の名店「フォートナム・メイソン」に行き、店員に尋ねたら、「そのような物はない」と言われた。そこで、「フォートナム・メイソン」を出て、念のために「ハーベイ・ニコルズ」に寄って尋ねたら、ここでも「ない」ということだった。しかし、なんと親切なことに倉庫まで

確認に行き、小 1 時間ほど探してくれた。結局、見つからないと言うので、念のために持参していたガイドブックの小さな写真（日本語なので、写真しか見せられない）を見せたら、一目見て「これは『ティー・キャンディー』ではなくて、『ティー・キャデイー』(tea caddy：紅茶を入れる容器) です」と言って、すぐに目当ての品を持って来てくれた。「ハーベイ・ニコルズ」の店員の方々には心から感謝する一方で、旅行ガイドブックの間違いはこんな所にも波及する。日本では「コーヒー飴」も「紅茶飴」もあるから「ティー・キャンディー」と言われると、そのまま信じてしまう。

　このように、伝えられた情報が本当にありのままに伝えられているのかどうか、また、正しいかどうかという判断については、結局のところ自分の目で確かめるしかないということである。このような点でも本書は、これまでの文献や巷間の情報を補完するという意味で意義は充分にあろうと思う。

＊1　勤務先の関西学院大学・学院留学制度による支援を受けて、2010 年 3 月 22 日から 2010 年 9 月 20 日までの半年間、カナダのオンタリオ州トロントにあるヨーク大学・英語学部（Department of English, Faculty of Liberal Arts and Professional Studies, York University）に客員研究員（Visiting Scholar）として滞在し、トロントで暮らす機会を得た。なお、この時の研究内容とその成果については、別途、『2010 年度 研究成果報告』（2011 年 9 月 15 日、関西学院大学 研究推進社会連携機構発行、pp.15-16）で公表した。

＊2　原文のまま引用したが、引用文中冒頭の「言語と文化」の「文化」は、文意や文脈から見て、「文学」と書くべき誤植だと思われる。

2
カナダ英語の複雑さ

　ごく大まかに述べれば、そもそもイヌイットやネイティブ・カナディアンといった先住民が暮らしていた土地へ、1534 年にフランス人の探検家ジャック・カルティエ（Jacques Cartier）がたどり着いて、現在のケベック・シティ辺りに上陸してその地域一帯を「仏国領」と宣言して「ヌーベル・フランス」と命名した。その約半世紀後の 1583 年、イギリス人の探検家ハンフリー・ギルバート卿 (Sir Humphrey Gilbert) がニューファンドランドを「英国領」と宣言して、英仏両国による植民地競争が始まり、幾度か両国間の戦争まで起きた。また国境を挟んだ隣国の米国も、現在のオンタリオ州トロント周辺（当時、英国領「アッパー・カナダ」）に侵攻して、英米両国間でも戦争が勃発した。

　このようなカナダの歴史的、地理的状況から見ても、イギリス英語が基調となり、ここにアメリカ英語が次第に流入してきたカナダ英語成立の経緯は想像するに難くない。しかも長い歴史の間にフランス語や先住民の言語の影響も受けて来た。改めて言うまでもないが、現在もケベック州を政治的配慮からフランス語圏として公認するカナダ政府の 2 カ国語政策も手伝い、フランス語やフランス文化の影響、それらの混入もカナダ英語の実態をさらに複雑なものにしている。

3
カナダ英語の文法研究・語法研究について

そのような複雑さを孕んだカナダ英語では、例えばどの面にイギリス英語が堅持され、どの面にアメリカ英語が取って代わっているのか、といった問題すら広大な国土のカナダでは言語使用の地域差も大きく、研究の第一歩である実地調査さえ極めて困難だと言える。しかし、複雑なカナダ英語を仮に「森」に喩えるなら「木を見て森を見ず」という諺があるけれども、先ずは個々の「木」を詳細に見ることから始めることには充分な意義があると思う。また、やがて個々の「木」の観察が積み重なれば、今は一足飛びに解明し得ないカナダ英語という大きな「森」に対して解明の糸口が見つかるはずである。

例えば、身近な例を1つ挙げてみよう。カナダではどのような場合にもcentreとイギリス英語の綴りを固守しながら、一方で「地下鉄」をアメリカ英語式にsubwayと呼ぶ。さらには、筆者自身が現地で実際に発見したことであるが、イギリス英語で「1階、2階」をground floor, first floorと呼び、アメリカ英語でそれぞれfirst floor, second floorと呼ぶのに対して、カナダでは両者を折衷してground floor, second floorと呼ぶ場合が見られる。このように、いつどのような時にイギリス英語の規範に従い、いつどのような時にアメリカ英語の規範に従うのかという点には何ら規則性など存在しないようだ。

従って本書は、まずカナダ英語の個々の事象・事例という「木」を詳細に見ることを中心に取り上げる。「森」はいずれ見えて来る。

第2章
ヨーク大学の概要

ヨーク大学のバスターミナル付近のキャンパスマップ（2010年4月3日）

1
ヨーク大学

まず始めに研究の場であり、生活の場でもあったヨーク大学について少し紹介しておきたい。日本でヨーク大学 (York University) と言うと英国ノースヨークシャー州ヨーク市にあるヨーク大学 (University of York) を思い浮かべる人が多いが、筆者が研究員として滞在したのはカナダのトロントにあるヨーク大学である。筆者は 2010 年 3 月 22 日から同年 9 月 20 日まで、このヨーク大学で英語学の研究を進め、同伴した家内と共に学内のアパートで暮らした。

ヨーク大学は、1959 年に創立された州立大学で、現在、カナダで 3 番目の 5 万 5 千人もの学生数を誇る総合大学である。

写真 3　カナダの大学で最大のキャンパスは、とにかく広い（2010 年 4 月 10 日撮影）

写真 1　ヨーク大学の玄関。噴水の後方に見えるのは大学のランドマークの「ヴァリ・ホール」(Vari Hall)（2010 年 4 月 12 日撮影）

写真 4　瀟洒な化学部棟（2010 年 4 月 10 日撮影）

写真 2　玄関ホール「ヴァリ・ホール」の館内（2010 年 8 月 16 日撮影）

写真 5　ヨーク大学のキャンパス風景。後方右にメイン図書館の「スコット図書館」(Scott Library) が見える（2010 年 6 月 24 日撮影）

第 2 章　ヨーク大学の概要

医学部は持たないが、メイン・キャンパスにカナダの大学で最大の広さを誇るキール・キャンパス (Keele Campus: 4700 Keele St., Toronto, Ontario, M3J 1P3) を持ち、さらにこれに加えてグレンドン・キャンパス (Glendon Campus: 2275 Bayview Ave., Toronto, Ontario, M4N 3M6) がある。両キャンパス併せて、本書執筆中の2014年現在、11学部と28の研究機関を擁している。現時点で卒業生は26万人以上と公表されている。

場所はトロントのダウンタウンから少し離れたノース・ヨーク (North York) 地区にあり、TTC (Toronto Transit Commission: トロント市交通局) の地下鉄4路線のうち、ヤング・ユニバーシティ・スパダイナ線 (Yonge-University-Spadina Subway) の西北端の終点「ダウンズビュー駅」(Downsview Station) から196番の「大学行き」ロケット・バス (地下鉄を下車した後、改札口を通らずにバス乗り場へ直行できるので「ロケット」という名が付けられている) やラッシュアワーの時間帯を除いて運行している106番のバスに乗れば15～20分で大学玄関の「ヴァリ・ホール」(Vari Hall) や後述するショッピング・モール「ヨークレーン」などに囲まれた大きなバス・ロータリーへ到着する。ちなみにこのロータリーはこの地域一帯のターミナル・ステーションでもあって、様々なTTCバスだけでなく、別会社の「GOバス」(GO Transit [GO交通] の運営するバス)、「ビバ・バス」(Viva Bus)、「ブランプトン・バス」(Brampton Transit Bus) など、多くのバスが運行しているので、様々な場所から行き来ができて便利この上ない。

今でも交通の便はたいへん良いが、2015年末にTTC地下鉄が延長されてキャンパスのど真ん中に大学の駅が出来る予定なので、一層便利になって、人気の点でもダウンタウンにあるトロント大学 (中国人街やイタリア人街「リトル・イタリー」に隣接した繁華街にある) とさらに競合することになるに違いない。ちなみに受験生による希望校の評判をインターネットの口コミで見ていると、同じトロントにありながらヨーク大学は「周囲に遊べる所がない」という理由でトロント大学に比べて人気がないということが分かった。このような面でもヨーク大学に地下鉄駅ができる日を待ち遠

写真6　トロントのダウンタウンにあるトロント大学 (2010年4月20日撮影)

写真7　ヨークレーンの展示パネルに掲示されているヨーク大学駅の完成イメージ。2015年末に完成予定 (2010年9月9日撮影)

しく思う。

　特に日本では、トロント大学の知名度の陰に隠れて、ヨーク大学はそれほど有名でないが、研究面でも教育面でもカナダ屈指のレベルの高い大学で、中でもオズグッドホール・ロースクール (Osgoode Hall Law School) とシューリック・ビジネススクール (Schulich School of Business) は、世界的に高い評価があり、カナダのみならず北米でも5本の指に入ると評されている。

　筆者は Faculty of Liberal Arts and Professional Studies (人文・専門職学群、通称 LAPS) の中の Department of English (英語学部) に所属し、英語学部棟 (Stong College) の3階に専用の研究室 (353号室) を与えていただき、恵まれた環境で英語の文法・語法の研究に専念させていただいた。

　メインの広大なキール・キャンパスにはスコット図書館 (Scott Library) を中心に、ブロンフマン (Bronfman)、オズグード (Osgoode)、スティーシー (Steacie) と、4つも図書館があり、さらにグレンドン・キャンパスにもフロスト図書館 (Frost Library) がある。筆者には、カナダ英語の文献・資料が無数にあり、まるで宝島に来たように思えた。

　客員研究員として写真11のような図書カードをいただき、専任教職員と全く同じ待遇で、図書・資料の利用ができて、ありがたかった。例えば、大学に提出された博士論文などは他大学では館内利用のみとか、閲覧不可といった扱いが多いのに、ヨーク大学図書館では自由に貸し出してくれた。しかも、ICB (Inter Campus Borrowing：キャンパス間・相互借用) という制度があって、グレンドンのフロスト図書館にしかない文献

写真9　メインのスコット図書館で (2010年4月12日撮影)

写真8　ヨーク大学の英語学部棟 (Stong College) 3階にいただいた個人研究室 (353号室) にて。まだ荷物は片付かないが研究は開始 (2010年4月8日撮影)

写真10　スコット図書館の玄関ロビー付近 (2010年8月24日撮影)

第2章　ヨーク大学の概要

図書も、図書館の窓口やネット・サイトで申し込めば、たいてい翌日にはこちらに届けてくれる。このICBという制度は実に重宝した。

生活の場として、学内のアパート（2 Passy Crescent, Apt. 311）で同伴した家内と共に半年間暮らした。下に掲載したキャンパス案内図の中央最下部「YORK UNIVERSITY」というタイトル文字の真上、2列目の建物「44番」がPassy Crescentというアパートが並ぶ一角である。

キャンパスから徒歩圏内にいくつか

写真11　上が「YU Card」、下が「図書カード」
（帰国後撮影）

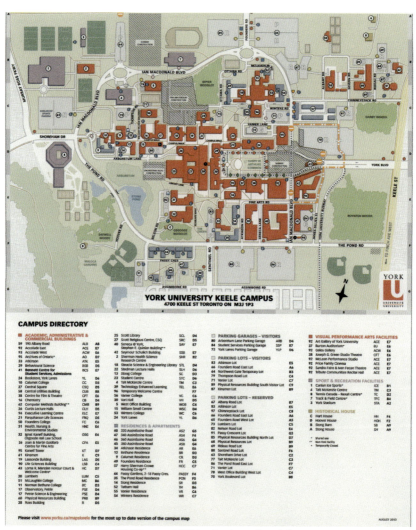

写真12　ヨーク大学キール・キャンパスの案内図

ショッピング・センターやマーケットがあるが、学内のあちこちの建物に食堂やフード・コートがあり、時にはホットドッグの屋台も出るだけでなく、キャンパスの目抜き通りに「ヨークレーン」(York Lanes) という大きなショッピング・モールがあり、ここには食料品、衣料雑貨品や文房具などの店はもとより、郵便局、銀行の支店が2つ、男性の散髪も出来る美容院、クリーニング店、さらには病院や立派な薬局まで揃っていて、全く学外に出なくても、何不自由なく生活ができる。コーヒーショップとしてカナダで最も有名な「ティム・ホートンズ」が学内だけで3店舗もあるのには驚く。

写真13　ヨークレーンの案内図

2
ヨーク大学のアパート

　さらにアパートに目を向けると、高層マンションタイプから3階建ての中層タイプまで数え切れないほど多く建てられている。アパートのビル群がずらりと並んでいる様子は圧巻である。ここには学生だけでなく、教授や大学職員も、単身、夫婦、子供の有無を問わず、大勢が暮らしている。

　2 Passy Crescent は、数多くのアパート群の1つであるが、暮らした311号室はメゾネット・タイプであり、上下2階にまたがった間取りで、2階部分に寝室とバスルーム、さらにベランダが配置されている。しかもこのアパートだけでなくキャンパス内全てに無線LANが張り巡らされていて、暮らしはとても快適だった。

写真14　ヨークレーンの入り口 (2010年4月12日撮影)

写真15　ヨークレーンの入り口付近の風景 (2010年8月16日撮影)

第2章　ヨーク大学の概要

写真16　アパート「2 passy Crescent」の景観（2010年4月10日撮影）

写真17　アパート「2 Passy Crescent」311号。メゾネット・タイプで2階への階段が左に見える（2010年4月4日撮影）

写真18　アパート「2 Passy Crescent」311号の2階部分（2010年4月4日撮影）

　毎週1度、専任の管理人が室内清掃に来て、バス・トイレの清掃から寝室のベッド・メイキングまで丁寧にしてくれて、次回の清掃日までの余備のトイレット・ペーパーまで置いていてくれる。

　また、大学に所属する者は教職員、学生を問わず、YU Cardという1種のキャッシュ・カードが発行されて、このカードに入金しておけば現金を持ち歩かずに寮やアパートにある洗濯機・乾燥機がコインが無くても使えるし、ヨークレーンをはじめ学内の全ての店で買い物ができるし、フード・コート、コーヒーショップ、レストランなどの支払いも出来るので、便利この上なかった。まだまだ語り尽くせないが、このような恵まれた環境でカナダでの研究生活が送れたことはたいへん幸運だった。

　ただ一言付け加えるならば、学内の安全警備に力を入れていること（例えば大学専属の警察やセキュリティ部を持っている）は充分に分かるが、アパートに住んでいて困ったのは、どこかの部屋で料理していて物を焦がしたり、タバコの煙だけで敏感な火災報知機が反応して、昼夜問わず突然に建物全体に警報が鳴り響くと、その建物の住民は全員すぐに建物の外に出て、警備担当によって安全が確認され、警報が止まるまで、ずっと待っていなければならない規則になっている。

　このアパートに以前、暮らしていた知人の先生から、入居前に「頻繁に火災報知機が鳴る」と教えて貰っていたが、これほど頻繁だとは予想もしなかった。多い時には毎週のように、早朝、深夜を問わず、けた

たましい警報が部屋中に鳴り響き、その度にびっくりして表に飛び出すことになった。トロントは夏でも深夜や早朝は冷えるので、大変な経験だった。

しかし、この大変な避難経験も、普段は隣近所にどんな人がいるのか知る機会もないのに、一斉に建物の外へ避難し、建物の周りの植え込みのフチに皆、腰掛けて一緒に警報が鳴り止むのを待つというのは、これを機会に友達になったり、挨拶をするような仲になる好機でもあった。

また、筆者自身も同じだが、日本人なら「どこが火元だ」とか、「どんな理由で火災報知機が鳴ったのか」とか、つい詮索したくなるし、話題にしたくなるが、周りの誰も（一部にカナダ以外の国からの留学生もいたが）、そんな詮索などしないで、四方山話をしながら、のんびり警報が鳴り止むのを待っている。ふとこのような時に、国民性というか、考え方や感じ方が日本人と違うのではないかと感じた。

写真20　中央に筆者を挟み、向かって右が大変お世話になったヨーク大学LAPS英語学部長のArthur F. Redding教授、左が学部長補佐のRose Crawford女史（2010年9月13日撮影）

写真21　親しくお世話下さったヨーク大学LAPS言語学部教授の虎谷紀世子先生（左側）と家内。ヨーク大学ビジネス大学院のSchulich棟付属レストランで（2010年9月9日撮影）

写真22　いつも親切にして下さったヨーク大学国際課（York International）のNadia Serrentino女史を中央に記念写真（2010年8月31日撮影）

写真19　アパート各戸に配布された火災報知機テストの案内状（2010年5月3日撮影）

写真23　アパートのことだけでなく、どんなことにも心良く応対して下さった住居担当のスティーブ（Steve Walker氏）と事務所で記念写真（2010年9月15日撮影）

第2章　ヨーク大学の概要

第3章
カナダ英語の特徴

トロントのダウンタウン風景（2010年4月13日）

1
カナダ英語とはどのような英語か

以前、興味深い記事が筆者の目に留まった：

① What is a Canadian? How do you spot him in a crowd of Americans? According to Mark Orkin, it's quite simple. Merely listen. You will hear the Canadian talking a peculiar language. It's not English and it's not American. It's called Canajan and if you listen closely you will discover it indicates a great deal about the customs, history and culture of the people who speak it.
— Orkin (1982, Back cover)

これは、カナダ英語研究の第一人者である Mark Orkin の有名な著書 *Canajan, Eh?* (1982年) の裏扉に掲載された出版社の図書推薦の言葉である。「アメリカ人の群衆の中からカナダ人を見つけるのは簡単なことで、そのおしゃべりに耳を傾けるだけだ。すぐに特別な英語を話すのでカナダ人と分かる」と述べている。出版社の宣伝のための誇張が幾分入っているとは言え、カナダ英語はアメリカ英語と異なる英語だとはっきり述べている点でたいへん面白い。

それでは一体、カナダ英語とはどのような英語であるのだろうか。一般的にはカナダ英語とはイギリス英語とアメリカ英語の混交した英語だと考えられている。試しに手元の英語学辞典をいくつか見てみよう。

② カナダで公用語として使用されている英語をいう。イギリス式かアメリカ式かの選択に地域差、年齢差などが顕著に見られる点が特徴である。—『英語学用語辞典』(p. 67)

③ イギリス英語 (British English) とアメリカ英語 (American English) の中間的な英語と位置づけられることが多い。つづり字では honour (honor《米》), centre (center《米》) とイギリス式、語彙では elevator (lift《英》), gasoline (petrol《英》) とアメリカ式に従い、アルファベットの z [zed] と英式、bird は米式に [bərd] と発音する。(以下省略) —『英語学要語辞典』(p. 81)

これらの辞典には上記のような説明があり、カナダ英語とは「イギリス英語とアメリカ英語の混交したもの」と述べられている。しかし、これではカナダ英語の実際の姿は全く見えてこない。「イギリス英語とアメリカ英語の混交」といううわべの説明ではなく「どのような場合にイギリス英語式なのか」、どのような場合に「アメリカ英語式なのか」、そしてどのような場合に「イギリス英語でもなければ、アメリカ英語でもないのか」という核心を明らかにしなければ、カナダ英語は理解しえない。

2
イギリス英語の規範とアメリカ英語の規範の混在

前述したように、カナダ英語にはイギリス英語とアメリカ英語が混在していることは明らかであるが、それでは「どのような場合にイギリス英語の規範に従うのか」、どのような場合に「アメリカ英語の規範に従うのか」、そしてどのような場合に「イギリス英語でもなければアメリカ英語でもない、正にカナダ英語独自の規範が見られるのか」という点を詳細に見てみたい。

3
綴りにおける規範の混在

Orkin（1970）や Korpics（2009）も指摘するように、カナダ英語にはイギリス英語とアメリカ英語の規範が混在しているが、それぞれの規範の分布は複雑であり、不規則である。

④　Crone's division of Canadian spelling into British and Americanized is equally applicable today and appears to follow no rational pattern. — Orkin（1970:150-151）

⑤　The opposition of the American and British usage can be perceived in General Canadian, and their constant "fight" certainly cannot be represented with the help of only one expression or its different usage. — Korpics（2009:31）

そこで、語の綴りが、どのような場合にイギリス英語式に綴られ、どのような場合にアメリカ英語式に綴られるのかを Orkin（1970:151）の具体例を引用して比較してみることにする。

まず語の綴りの相違を見てみよう。

⑥　カナダ英語でイギリス英語式に綴られる語：cauldron, cheque, furore, glycerine, mollusc, syrup, toffee
　　なお、アメリカ英語はそれぞれを次のように綴る：caldron, check, furor, glycerin, mollusk, sirup, taffy

⑦　カナダ英語でアメリカ英語式に綴られる語：airplane, baritone, connection, font, gasoline, jail, jimmy, jujutsu
　　ちなみに、イギリス英語はそれぞれを次のように綴る：aeroplane, barytone, connexion, fount, gasolene, gaol, jemmy, jujutsu

次に語尾に注目して、接尾辞の綴り方を見てみよう。

⑧　カナダ英語でイギリス英語と同じ接尾辞の -our や -re を用いる：clamour, colour, favour, honour; centre, fibre, lustre, sombre, theatre

⑨　ちなみに、アメリカ英語はそれぞれを次のように綴る：clamor, color, favor, honor; center, fiber, luster, somber, theater

上のように、⑥と⑦の間や接尾辞の綴りの相違には残念ながら何らの規則性もな

く、全く恣意的である。

4 文法・語法面に見る規範の混在（その1）

　前置詞の用法はカナダ英語の文法的特徴を顕著に表す代表であり、イギリス英語かアメリカ英語のどちらかに重なりを見せながらも、そのいずれに対しても微妙な違いを持っている。そこで、まず前置詞に注目すれば、カナダ英語では behind の代わりに in back of や back of が用いられることが知られている。

⑨　back of something,
　　in back of something,
　　at the back of something

　ところで、かつて英国では「場所」の前置詞 behind の代わりに in back of や back of が広く一般に用いられていたが、18世紀末以降、英国北部や英国中部の方言だけに残ったとの Scargill (1977:12) の指摘がある。この指摘こそ現在のカナダ英語の in back of や back of の用法が（現在のアメリカ英語やオーストラリア英語にも見られるが）現在の標準イギリス英語よりも「劣った」(inferior) 英語などではなく、正に古い時代のイギリス英語がカナダ移民と共に流入して、現在のカナダ英語の源となった証拠でもある。(cf. Korpics, 2009:30)

5 文法・語法面に見る規範の混在（その2）

　例えば「6時15分前」を表す表現としてカナダ英語では標準的なイギリス英語の「a quarter before six」や「a quarter to six」に従いながらも「a quarter of six」を用いる話者もいて1つの基準に収まらないカナダ英語の特殊性が表れている。Scargill (1974) は、ニューファンドランド＆ラブラドール州、プリンスエドワードアイランド州、ノバスコシア州、ニューブランズウィック州、ケベック州、オンタリオ州、マニトバ州、サスカチュワン州、アルバータ州、ブリティッシュコロンビア州のカナダ全10州に渡って、その土地の父親、母親、男子学生、女子学生がいずれの表現を用いるかというアンケート調査を行った。

⑩　a. a quarter of six
　　b. a quarter before six
　　c. a quarter to six
　　d. a quarter till six

　すなわち、(10a) はアメリカ英語、(10b) と (10c) はイギリス英語、(10d) はスコットランド英語であるが、この調査の結果をオンタリオ州とカナダ全10州の平均値だけ、ここに和訳して引用すると次表の通りである：

時を表す表現に(A)of、(B)before、(C)to、(D)till のいずれを用いるのか？												
(A) a quarter of six　　　［アメリカ英語］ (B) a quarter before six　［イギリス英語］ (C) a quarter to six　　　［イギリス英語］ (D) a quarter till six　　　［スコットランド英語］												
	父親				母親				男子学生				女子学生			
	A	B	C	D	A	B	C	D	A	B	C	D	A	B	C	D
オンタリオ州	1人	0人	97人	1人	1人	0人	98人	1人	0人	2人	6人	92人	1人	1人	97人	1人
カナダ10州の平均	2人	2人	94人	1人	3人	1人	95人	1人	1人	2人	95人	1人	1人	1人	97人	1人

以上であるが、オンタリオ州以外の9つの州については多少の違いはあるものの、おおむねオンタリオ州とよく似た分布を示している。— 以上、(Scargill, 1974:31) より

6
文法・語法面に見る規範の混在（その3）

また前置詞でも場所を表す前置詞を取り上げると、例えば「5番街に住んでいる」と言うのにイギリス英語とアメリカ英語では一般に異なり、イギリス英語で「live in 5th Street」と前置詞 in を用いるのに対して、アメリカ英語では「live on 5th Street」のように前置詞 on を用いるが、カナダ英語でも一般にアメリカ英語式に前置詞 on を用いる。— Korpics (2009:31) を参照。

7
文法・語法面に見る規範の混在（その4）

次に動詞を見ると、例えば dive は、イギリス英語では過去形も過去分詞形も共に dived とするが、アメリカ英語では過去形を dove、過去分詞形を dived としていて、カナダ英語は、一般的にはアメリカ英語式に過去形を dove、過去分詞形を dived としているとされる。

ただし、詳細にカナダ英語を観察すれば、必ずアメリカ英語の規範に従うというよりも、イギリス英語の用法を認める人たちとの相対的な割合が、より多いということに過ぎず、ちなみに大学教育を受けた人を対象としたオンタリオ州での Avis (1975: 77) の調査結果によれば、58.7 パーセントの人がアメリカ英語の規範に従い、イギリス英語の規範に従う人は 38 パーセントで、残る 3.3 パーセントの人はアメリカ英語の規範とイギリス英語の規範の両方を可としたということである。つまり、両方とも容認する人を加えるならば、アメリカ英

語用法を可とする人は62パーセントにも及ぶということである。もちろん逆にイギリス英語用法を可とする人も、両方ともに容認する3.3パーセントを加えると41.3パーセントいたということでもある。1つの規範に収まらないカナダ英語の複雑さがここにも表れている。

8 カナダ英語独特の表現「eh?」

カナダ英語の中でも付加疑問 (tag question) や間投詞 (interjection) で用いられる「eh?」[éi] ほどカナダ英語を代表する口語表現は他にない。言語学的には、談話文法における「談話の標識」(discourse marker) や語用論における「ヘッジ」(hedge: 注釈表現) の機能も持つと言えるが、アメリカ英語の「～, huh?」や「～, right?」、また日本語の「～じゃないのか、えー？（あー？）」といった間投詞と似た側面を持つものの、カナダ英語の「eh?」ほど多岐にわたる用法を備え、また、その国を代表する言葉として見なされるものは他には例を見ない。

例えば「Canada's Word Lady」という愛称を持ち *Canadian Oxford Dictionary* の編集者として著名なカナダの辞書学者 Katherine Barber は、著書 *Only in Canada, You Say* (2007年) で次のように述べている：

⑪　"What about eh?" people invariably ask me when I give talks about Canadian English: Canadians are inordinately proud of this one-sound particle as a marker of Canadian, identity. ─ Barber (2007:6)

つまり、彼女がカナダ英語について講演すると、いつも聴衆から「ehとは何か」を尋ねられるという逸話である。同時にまた、この「eh?」こそ、カナダ人がカナダ人である証しとして誇りに思っていると述べている。

また、インターネット上の一般向けフリー百科事典『ウィキペディア』で「カナダ英語」を検索しても「カナダ英語の表現」の項目に「eh?」が取り上げられている：

⑫　数あるカナダ英語の表現の中で、圧倒的に使用頻度が高いのは eh? /ei/ であり、「でしょう？」「何だって？」（アメリカ英語の huh? に類似）などの意味に使われる。また "Canajian*¹, eh?" または "Canadian, eh?" とタイトルにあるウェブサイト等は、1972年に刊行された風刺イラスト集に由来する。─『ウィキペディア』「カナダ英語」

このように「eh?」はカナダ英語を代表する表現と言われているが、実はカナダ英語だけでなく、イギリス英語でもオーストラリア英語でも「eh?」が用いられてはいる。

⑬　The informal question word *eh* ('You're back Wednesday, eh?') is not unique to Canadian English, but Canadians seem to use it more widely and more often than other English-speakers.─ *Guide to Canadian English Usage*, 2nd ed., p.201

ただ、カナダ英語では⑬の指摘のように、もっと幅広く、またもっと頻繁に用いられる点が異なっており、特徴となっている。「もっと幅広く用いられる」という記述は曖昧に過ぎるので、この点を明確にするならば「付加疑問文として文尾に用いられるのはカナダ英語以外にも散見されるが、文中の位置に用いられるのはカナダ英語だけだ」ということになるだろう。

⑭ Where "eh" is uniquely Canadian is in the so-called "narrative eh", for instance in "I'm going to Winnipeg for Christmas, eh, so I'm packing my long johns." The person saying this is not expecting their interlocutor to say "Yes, indeed, you are going to Winnipeg." It is just a filler word, almost as if we want to ascertain that the other person is still listening to us.— Barber (2007:6)

⑮ Viewed syntactically, 'eh?' may appear solo or as part of a set of words, in which case it may occupy either terminal, medial or initial position.— Orkin (1982:38)

そもそも統語的に見て「eh?」は⑮の指摘のように、単独で用いられる場合と文や語句の文尾、文中、文頭に用いられる場合の２つが予想されるが、実際には「単独」で現れる場合と付加疑問として「文尾」に現れる場合が当然、一般的である。

「文中」はまれであり、⑭に引用された"I'm going to Winnipeg for Christmas, eh, so I'm packing my long johns."（クリスマスにウイニペグへ行くんですよ、えー、それでロング・ジョン［スコットランド産ブレンド・ウイスキー］を荷造り中です）の「eh」は、聞き手に対して「ああ、ウイニペグへ行くんですか」といった同意や返事を期待する実質を伴った表現ではなく、「話を聞いて（聞き続けて）ほしい」といった「確認」をするためだけの、いわゆる「話のつなぎ言葉」(filler word) でしかない。

また、単独で用いられる「eh?」は、発音の際の強さや抑揚によって、単なる「質問」から強く「疑念」や「懐疑・不信」といった意味まで様々に用いられる。以下に少し具体例を挙げておく。[Orkin (1982:38) を参照]

⑯ 'I'm giving up smoking.' 'Eh?' (A cross between what? and oh yeah?)
— Orkin (1982:38)
［禁煙するんだ — 何だって？］
'Could you loan me two bucks?' 'Eh?' (Are you kidding?) — Orkin (1982:38)
［２ドル貸してくれないか？ — えー、冗談かい？］
'Here's the two bucks I owe you.' 'Eh?' (I don't believe it!) — Orkin (1982:38)
［借りてた２ドル返すよ — えー？　信じられない］

統語的観点から文や語句の中に現れた「eh」については⑰に文尾、⑱に文中に用いられた例を、いくつか引用しておこう：

⑰ It's cold in Canada, eh? — Thay (2004:50)
［カナダは寒いよ、ねーそうだろう？］
'I'm walking down the street, eh?'

(Like this, see?) ― Orkin（1982:38）
［俺は通りを歩いているんだよ、こんな具合にね、分かる？］

'I'd hadda few beers en I was feeling priddy good, eh?' (You know how it is.) ― Orkin（1982:39）
［ビールを少し飲んで、とても気分が良くなったんだ、分かるだろう？］

⑱ 'We're driving to Miami, eh?, for our holidays.' (Like where else?) ― Orkin（1982:39）
［休暇に俺たちはマイアミに、えー、まあそんなトコに、車で旅するんだよ］

なお、何らかの意味で後続の文に繋がるような文頭の例はあるかもしれないが、通常、Orkin（1982）による指摘⑲の通り、「eh?」は文頭には現れない：

⑲ 'Eh?' rarely appears in initial position. ― Orkin（1982:40）

このカナダ英語を代表する「eh?」の語源にまで言及している Thay（2004:49-50）でさえ「カナダ人の特徴として入国管理官が国籍を確認する特徴として用いているとの報告が、すでに1959年にはカナダ言語学会の機関誌に掲載されている」ことを紹介するのみで「いつ頃どのようにして、これほど世間に広まったのか」については定かではないとしているが、マスメディア、特にテレビや映画の影響が大きいことは想像するに難くない。

⑳ It's not exactly clear how the expression became so popular in Canada and how it became so closely identified with the country. Even in 1959., the Journal of Canadian Linguistic Association was reporting that "eh is so exclusively a Canadian feature that immigration officials use it as an identifying clue." ― Thay（2004:50）

例えば、Bednarek（2009）も次のように、1970～1980年代のテレビ番組の影響によって一挙にこの表現が広まったと述べている：

㉑ The term was widely popularized through the television shows of the fictional characters Bob and Doug Mackenzie in the 1970's and Rick Moranis in the 1980's. The overuse of the tag thus became a marker of Canadian speech. ― Bednarek（2009:17-18）

Bob Mackenzie と Doug Mackenzie の兄弟は架空の人物であって、カナダの分厚い冬服を着て毛糸の帽子「チューク」を被って、テレビ（初放送は1980年9月19日）のクイズ番組 (a panel show)『Great White North』（当初の題名は『Kanadian Korner』）に出演して大人気を博した。Bob は、カナダ・トロント生まれのコメディアン、リック・モラニス（Rick Moranis）が演じ、Doug は、同じくカナダのコメディアン、デイヴ・トーマス（Dave Thomas）が演じた。2人はカナダの生活や文化を扱ったこの番組に出演中、カナダ英語を代表する「eh?」を頻繁

に用いて一躍、時の人となった。

　このBobとDougのちょっと間抜けなキャラクターは大いに人気を博し、その後、リックが脚本、監督、主演の映画『The Adventure of Bob & Doug McKenzie: Strange Brew』（1983年、MGM映画）や、2人のキャラクターをアニメ化したTVシリーズ『Bob & Doug』（Global Television Networkで2009年4月19日、放送開始）が出たり、キャラクター・グッズや玩具まで発売された。

　リック・モラニスと言ってもすぐに気づく人は少ないだろうが、彼はかつてディズニー映画を中心に『ゴースト・バスターズ』（Ghost Busters, 1984年）、『リトル・ショップ・オブ・ホラーズ』（Little Shop of Horrors, 1986年）、『スペースボール』（Spaceballs, 1987年）、『ミクロキッズ』（Honey, I Shrunk the Kids, 1989年）、『バックマン家の人々』（Parenthood, 1989年）、『ゴースト・バスターズ2』（Ghost Busters Ⅱ , 1989年）、『ジャイアント・ベビー／ミクロキッズ2』（Honey, I Brew Up the Kid, 1992年）、『フリントストーン／モダン石器時代』（The Flintstones, 1994年）、『ミクロキッズ3』（Honey, We Shrunk Ourselves, 1996年）等々、数多くの映画に出演し、日本でもよく知られた俳優である。

　上のような経緯で「eh?」がカナダ英語を代表する表現になったことは紛れもない事実ではあるが、実際にはどの程度に使われているのだろうか。1970年代の初めにScargill（1974）は、カナダ全10州に渡って、どのような英語表現を使用しているのかの大規模な実態調査を、主として「male parents」「female parents」「male students」「female students」の被験者を対象に実施してカナダ英語の研究に寄与したが、この調査の中にも「eh?」の調査が含まれていて、「eh?」を単独で「聞き返しや問い返し」に使うか使わないか（Question 38）、また文尾の位置に付加疑問で使うか使わないか（Question 24）という2つの質

写真24　カナダのテレビ局「CTV」のビルがトロントのダウンタウンにある。「CTV」は、カナダで初めてカラー放送を開始した「CFTO」局（1960年12月31日開局）を前身とするテレビ局で、VHFの「9」チャンネルである。カナダで最も視聴者の多いテレビ局として大きな影響力を持っている。放送電波は「CNタワー」から発信されている（2010年8月3日撮影）

	「eh?」を単独で、「問い返し、聞き返し」に使うか？							
	父親		母親		男子学生		女子学生	
	使う	使わない	使う	使わない	使う	使わない	使う	使わない
オンタリオ州	29人	71人	18人	81人	27人	72人	24人	75人
カナダ10州の平均	26人	73人	17人	82人	27人	72人	24人	76人

Scargill (1974:29) より

	「eh?」を付加疑問として文尾に使うか？											
	父親			母親			男子学生			女子学生		
	使う	使わない	時々使う	使う	使わない	時々使う	使う	使わない	時々使う	使う	使わない	時々使う
オンタリオ州	24人	38人	37人	13人	44人	40人	20人	33人	46人	21人	23人	55人
カナダ10州の平均	24人	39人	37人	15人	40人	43人	20人	28人	50人	27人	20人	52人

Scargill (1974:30) より

問があり、その興味ある結果を公表している。ここでは Scargill (1974) の研究結果の中、オンタリオ州とカナダ全10州の平均値だけを日本語に訳して引用すると上の表のようになる。

ここでは紙面の都合でオンタリオ州以外は割愛するが、10州の平均値が示しているように、残りの9州もオンタリオ州の結果と大差ない。

「カナダ英語を代表する表現」というイメージからすれば、この結果は70年代の調査とは言え意外かも知れないが、「eh?」が広く使われている実態が明らかにされたことには相違ない。ただここから、言語の調査研究の難しさや、さらには様々な民族が集まり暮らす「モザイク都市トロント」、「移民の国カナダ」においては、一層このような基礎的研究調査の難しさが感じられる。

9
カナダ英語の発音

音声学で一般に「Canadian Raising」(発音の際、通常より舌の位置が上がるカナダ英語の特徴)と呼ばれて、無声子音の [p] [t] [k] [s] [f] の前で二重母音 [ai] [au] の音が発音の際の舌の位置が上がることによって変化する現象を指すが、具体的に言えば二重母音の発音の際の「口の開け方が小さくなる」と言える。

従って、『ウィキペディア』「カナダ英語」など広くインターネット上でも紹介されているように、例えば「a house」は「a hoos」のように聞こえるし、「about」は「a boat」の発音に酷似する。あえて日本語で聞こえの感じを表すなら「ア・フース」や「アボート」のように聞こえると言える。

第3章 カナダ英語の特徴

㉒　The Canadian Raising phenomenon is by far the most characteristic feature of Canadian English. ... Chambers defines the process as being characterized by a tendency of raising the vowel, so that "phonetically, the onset vowel is mid, back and unrounded". The most popular example to illustrate the feature is the about the house phrase, which phonetically is realized by Canadian speakers as aboot the hoos, yet it need be argued that this is only an illusion as acoustically, the hearer has the impression of the tongue raised further from its position than it really is.— Bednarek (2009:15)

　ただし Bednarek (2009:15) は、上記のように、カナダ英語の発音面での最大の特徴であると述べながらも、聞き手の「通常より発音の際に舌の位置が上げられている」という先入観から生じる「誤解」(illusion) である可能性もあり、議論の余地があるとも述べていることには注目すべきである。

＊1　「Canajian」ではなく、「Canajan」が一般的な綴りである。

写真25　Osgoode Law School の Atkinson 棟側に沿った「学者の小径」(Scholars Walk) に立つ案内板。筆者が暮らしたアパート「Passy Crescent」の方角を示している（2010年4月10日撮影）

写真26　ヨーク大学スコット図書館の閲覧室にて。図書館で収集した文献や資料は、いったん、広くて快適な閲覧室で点検し確認してから自分の研究室や自宅に持ち帰る（2010年4月24日撮影）

写真27　ヨーク大学の英語学部棟 (Stong College) にいただいた専用の個人研究室 (353号室) で研究を開始。部屋は広く、明るく、静かで研究には最適の環境だった（2010年4月8日撮影）

第4章
日々の暮らしから知り得たカナダ英語

トロント旧市庁舎（2010年8月3日）

第4章では、筆者がカナダ・トロントでの日々の暮らしから知り得たカナダ英語の特徴的な語彙・表現をまとめてみる。

第1部
カナダ英語の中のイギリス英語

　最初に、カナダ英語に見られるイギリス英語の語句・表現を取り上げる。

1
地下鉄駅のアナウンス
「Mind the gap.」

　すでに第3章3「綴りにおける規範の混在」で述べたようにカナダ英語にはイギリス英語の規範とアメリカ英語の規範が混在しているが、ここではカナダ英語の中に保持されているイギリス英語の例を取り上げる。例えば centre や theatre の綴りがカナダではアメリカ英語の center や theater ではなく、常にイギリス英語式に centre、theatre と綴られることは、今更、触れるまでもないが、日常、気をつけていると、イギリス英語の例はあちこちに見つかる。

　拙稿「イギリス英語の背景─イギリス人の暮らし─」（2009年a）の第2.7節「鉄道駅のアナウンス」の中で、ロンドンの地下鉄の駅や車内で聞かれる典型的なイギリス英語表現を取り上げて、下記①のように述べた。

① ……その1つに「足もとにご注意ください」という注意が各駅で聴かれるが、アメリカ英語では "Watch your step."

などと言うところ、イギリス英語では watch や take care 等を使わずに "Mind the gap." とアナウンスされる。アメリカ英語を聞き慣れた者には、この表現がたいへん新鮮に響くし、ロンドンにいることを実感させてくれる表現でもある。
　── 拙稿「イギリス英語の背景─イギリス人の暮らし─」（2009a: 16）

　この典型的なイギリス英語表現 "Mind the gap." がトロント市内を縦横に走る TTC（Toronto Transit Commission）の地下鉄でも使われている。
　写真28のように、たまたま地下鉄 St. George 駅のプラットホームで、線路を挟んだ向かいの壁に "Mind the gap." と書かれた掲示があるのに気づいて、はっとすると共に、久しぶりにロンドンの地下鉄を思い出した。この "Mind the gap." は、カナダ英語に保持されている、明らかなイギリス英語の1例である。
　それと同時に、この "Mind the gap." の傍らに駅名表示があり、これがアメリカ英語式に「St. George」と、省略符号の「.」（ピリオド）を打って表記されている（写真29、30を参照）のも、カナダ英語の中にイギリス英語の規範とアメリカ英語の規範が混在していることを明確に示していて、極めて興味深い。

写真28　St. George 駅ホームにある標識 "Mind the gap." (2010年6月5日撮影)

写真29　駅名表示はアメリカ英語 [St. George 駅] (2010年7月31日撮影)

写真30　駅名表示はアメリカ英語 [St. Patrick 駅] (2010年4月20日撮影)

2
mother の略語「mum」

アメリカ英語では mother の略語を mom と綴るが、イギリス英語では mum と綴る。筆者はかつて拙稿「イギリス英語の背景―イギリス人の暮らし（その4）

―」（2010年）の第3節「イギリス英語の日常表現から」の中で、Nottingham 市 Arnold の町中の郵便局で販売されていたクリスマス・カードを何気なく見ていて、Mum 用と書かれた表示が目に留まり、これがイギリス英語であることに気づいた体験を記したが、ここカナダでもこのイギリス英語の略語 mum が使われていて、少し注意すれば、結構、色々な所でこれを見ることができる。

② ……近所の郵便局に来てみたら、クリスマス・カードが販売されていた。カードは、受取人に合わせて分類されていた。Daughter 向け、Son 向け、Dad 向けの次に、Mum 向け、Mum and Dad 向けと書かれた表示を見て、はっとした。ここでは母は Mom ではなく Mum なのだと改めて新鮮な驚きを感じた。ふだん何気なく暮らしているけれど、ここが英国であることを実感させてくれた。例えば hippopotamus (カバ) の語が長いので、口語で hippo と略すように、米国では mum と言うと chrysanthemum (菊) のことを指すのだから。― 拙稿「イギリス英語の背景―イギリス人の暮らし（その4）―」(2010: 33)

筆者がカナダで初めてこの mum という語に出会ったのは、渡加して5日目、ヨーク大学のアパートへの入居を3日後に控え、まだトロントのダウンタウンにあるホテル (Sheraton Centre Toronto Hotel) に宿泊中の時であった。この日、The Globe and Mail 紙に目を通していると、この S6 面の「誕生のお知らせと訃報」(Birth and Death

Notices) の欄に Janey Gudewill の訃報が出ていて、この記事の中に mum が繰り返し用いられているのに気づいた。

③　Janey died peacefully and unexpectedly in her sleep, joining her husband of 47 years, Eddie Gudewill (1994). She was predeceased by her mother, Elspeth (1984) and her father, Jan (1989) the eminent pianist. …… Once again returning to Canada in 1935. Mum attended Crofton House School before going back to England in 1937. ……
— Birth and Death Notices, *The Globe and Mail*, March 26, 2010 ［下線は筆者］

この記事中、この箇所以降も mum が繰り返されていた。

写真31　英国ノッテインガム大学に留学中（2005年9月～2006年3月）大学のシンボルである時計台を背景に（2005年10月18日撮影）

写真32　英国ノッテインガム大学留学中に暮らしたアーノルド（Arnold, Nottingham, UK）の町中にある小さな郵便局。毎日のようにお世話になったが、クリスマス・シーズンのある日、この郵便局で販売されていたクリスマス・カードを何気なく見ていた時、「お母さん用に」と書かれた立て札に「mum」という綴りを発見して、初めてアメリカ英語の「mom」との綴りの違いに気づいた（2005年12月19日撮影）

第4章　日々の暮らしから知り得たカナダ英語

3
イギリス英語の罵り語「wally」
(ロジャーズ球場での野球観戦から)

　ヨーク大学のキャンパスからバスと地下鉄を乗り継いで小1時間の、たいへん便利な所にロジャーズ球場 (Rogers Centre) があり、よくこの球場に足を運び、ここをホームグラウンドにするトロント・ブルージェイズ (Toronto Blue Jays: 現在、アメリカ国外に本拠地を置く唯一のメジャー球団で、アメリカンリーグ東地区に属している) の試合を観戦した。この野球観戦の目的は、専ら日頃の気分転換であったが、はからずもカナダ英語の語彙や表現を知る好機にもなった。ここではイギリス英語の俗語の1つで、罵り語のwallyを取り上げる。

　2010年度のブルージェイズは、特に打撃が好調で、中でも背番号19のホセ・バティスタ (Jose Bautista) 選手は、この年、本塁打を54本放ち、大リーグのホームラン王に輝いたし、チームも大リーグ30球団最多の257本塁打を記録したが、攻撃力に比べ、守備力や投手力に弱点があり、せっかくの得点を守り切れずに敗れるというケースが多かった。このようなチーム状態であるだけに、地元のジェイズ・ファンをいらいらさせたり、がっかりさせる試合もしばしばで、長打の連続に大歓声が巻き起こると思えば、一方で、ふがいない試合ぶりや凡プレーに対し、厳しい野次が飛び交う。

　初めてロジャーズ球場へ足を運び、ブルージェイズの試合を見たのは、2010年

4月17日（土曜）の対ロサンジェルス・エンジェルス戦で、この年、エンジェルスにはニューヨーク・ヤンキースから移籍したばかりの松井秀喜選手（翌2011年にはオークランド・アスレチックスに再び移籍した）が先発出場し、早速、試合開始早々の初回に2塁打を放ち、大活躍した。

　この試合は、ブルージェイズが3点を取ったものの、この3点を守り切れずに、結局は6対3でエンジェルスが勝った。この試合の最中、突然、隣の席にいた20代らしき若い男性がブルージェイズの守備陣に向かって大声で「ウォーリー」と叫んだ。あまりにも大きな声だったので、もう1つ隣に座っていた男性がその若者の顔を振り返って見たほどだった。

　全く予期せぬことだったので、その瞬間、筆者はこの若者が「holly」とでも叫んだのかと思ったが、ふと、昔どこかで聞き覚えた罵り語のwallyを思い出し、彼がwallyと叫んだことに気づいた。つまり、この若者は、あまりにもふがいないプレーを見て、我慢できずに「だらしないぞー」と野次ったのだった。

④　wally noun (pl. -lies) *derogatory* a foolish or inept person; a nerd or geek [origin uncertain, perhaps shortened form of *Walter*] — *The Canadian Oxford Dictionary*, 2nd ed.

　英語の罵り語は、Swan (1980) が⑤のように述べている通り、いつどのような場合に用い、どれほどの強烈さを与えるのか、外国人にとって計り知れない表現である。偶然、ロジャーズ球場で罵り語のwallyに

写真33　Rogers 球場（2010年3月24日撮影）

写真34　松井秀喜選手が初回に2塁打を放って大活躍（2010年4月17日撮影）

写真35　松坂大輔投手と対戦する Jose Bautista 選手（2010年7月11日撮影）

出会ったことは、この用法を知る上で、たいへん有益であった。

⑤　First of all, it is not easy to know the exact strength of these expressions in a foreign language, or to know what kind of people are shocked by them, and in what circumstances. One may easily say something that is meant as a joke, but which seriously upsets the people one is talking to. — Swan (1980: 589)

⑥　**wally** *noun* (*pl.* -ies) (*BrE, informal*) a stupid person　— *OALD*7

さらにまた、*OALD*7 の記述⑥を見るまでもなく、この wally がイギリス英語のくだけた口語であることにも注目すべきで、これがカナダ英語の中にアメリカ英語と共存するイギリス英語の具体例という点で、たいへん貴重である。

第4章　日々の暮らしから知り得たカナダ英語

第 2 部
カナダ英語の中のアメリカ英語

次に、カナダ英語に見られるアメリカ英語の語句・表現を取り上げてみよう。

1
綴り字の簡素化：略語「nite」

アメリカ英語に特徴的な「綴り字の簡素化」はカナダでも一般的になっている。

筆者が暮らしたヨーク大学キャンパス内のアパートではテレビがケーブル・テレビの放送を受信していた。その 005 チャンネルは「Rogers チャンネル」で、ここは番組の案内専門であり、全てのチャンネルの番組内容を 24 時間休み無く、その時点の 1 時間分をテロップ形式で紹介している。その Rogers チャンネルの画面の左上隅には、これまた常時、同じくテロップ形式でその日の天気予報が流れている。

この天気予報は 3 日分を、その日の「夕刻、夜間、午前」に分けて表示しているが、これを見ると「Eve/Nite/Mor」と表記されている。つまり「夜」は Night ではなく、Nite とアメリカ英語式に簡素化されている。これに関連して伊丹 (1980) は次のように述べている。

① 発音と語彙の種類の面からは米語寄りのカナダ英語ではあるが、学校教育では伝統的に英国寄りで、nite, thru, dialog のような綴字の簡素化を好まず、文構造や文章論も形を崩さない姿勢を取ってい

る。— 同 p. 34 —

このように伊丹 (1980) は「学校教育では」と但し書きを付けているものの、カナダ英語では nite のような簡素化された綴り字は好まれないとしているが、この当時から優に四半世紀を過ぎた今、一層アメリカ英語がカナダ英語に浸透したと考えられる。

2
綴り字の簡素化：略語「sox」
（ロジャーズ球場での野球観戦から）

綴りの簡素化の例は、野球観戦の折りにも気づいたので、ここに取り上げておきたい。

ある日、日本人の松坂大輔投手が所属するボストン・レッドソックスがトロントに来て、しかもその松坂投手が先発することを知り、日頃のキャンパス生活の気分転換を兼ねて、2010 年 7 月 11 日（日曜）にロジャーズ球場へ出かけ、午後 1 時開始の対レッド・ソックス戦を観戦した。

この時の入場チケットを何気なく見ていて、レッド・ソックスのチーム名が「Red Sox」と記載されていることにふと気づいた。「socks」を「sox」と綴るのは手元の *LDCE* 4 を見るまでもなく、典型的なアメリカ英語である。（写真 37 を参照）

3
夜なのに「sunny」
（カナダの天気予報から）

写真36　力投するレッドソックスの松坂大輔投手。ブルージェイズの本拠地ロジャーズ球場でも、地元の子供たちから「ダイスケー」と歓声が巻き起こった（2010年7月11日撮影）

写真37　アメリカ英語の「Red Sox」とイギリス英語の「Rogers Centre」が併記されたチケット（2010年7月11日撮影）

②　**sox**　*n* [plural] an American spelling of 'socks', used especially in advertising. — *LDCE*4

　しかも、このチケットの「Red Sox」のすぐ上にロジャーズ球場が「Rogers Centre」とイギリス英語の綴りで印字されていて、イギリス英語とアメリカ英語の規範の併存を端的に示しており、興味深い。

　天気予報は毎日、見ていたが、ある日、夜なのに「晴れ」を表してsunnyと表示されていることに気づいた。それ以降、いつも「晴れ」がどのように表示されるのか気を付けていると、たまにclearと表示される時もあったが、ほとんどいつもsunnyと表示されていた。日が沈んでいるのにsunnyとは不思議である。例えば2010年8月29日（日曜）午前6時の*Yahoo! CANADA*の天気予報（http://ca.weather.yahoo.com/Canada/Ontario/Toronto-24157241/）で、そのような表示が見られた。

　ただ、このように「日が照っている」ことを表すsunnyが「晴天」の意味で使われるようになり、いつの間にか昼であれ夜であれ、「晴れ」の意味で用いられるようになることは、カナダ英語に限らず、言葉の一般的特徴を示す事象であり、言葉の非論理性や感情的側面を表す1例に過ぎない。例えば、筆者はこういう話をする時によく「もっと丸く描きなさい」(make your circle rounder)［論理的には、丸は少しでもゆがんでいれば丸ではないので、このような表現は論理的にはあり得ない］とか「一番完璧な答えは」(the most perfect)（論理的には、完璧はそれ以上のないことを表すので、比較級や最上級は論理的にはあり得ない）とか「もっと直角に」(squarer)（論理的には、直角は90度ちょうどを表すので、比較級や最上級は論理的にはあり得ない）などを引用するが、sunnyもこれに類する言葉の非論理性を示す1例であり、決してカナダ英語独特の表現だと言わ

ないが、少なくともカナダに滞在中に気づいた表現として、ここに取り上げた。

4
「持ち帰り」の表現

　ファーストフード店での「持ち帰り」をカナダではアメリカ英語式に to go とか take out と言う。しかしイギリス英語式に take away と言っても、たいていの場合、問題なく理解してくれる。

5
コーラを表す「coke」は避けられる

　清涼飲料水の「コーラ」は、日本とは違って「ペプシ」と呼ばれるのが一般的のようである。周知の通り、ペプシ・コーラにしろ、コカ・コーラにしろ、いずれも米国製2大清涼飲料であるが、「コーク」や「コーラ」はコカインの隠語として用いられるので、語感が悪いからペプシと呼ばれるのではないかと思う。

　③　coke　*noun*　［U］1（*informal*）
　　　= COCAINE —　*OALD* 7

　たとえ「コカ・コーラ」しか置いていない店であっても「コーク」と略称せず「コカ・コーラ」と略さずに呼んでいた。

6
「おむつ」の表現

　カナダのテレビ CM を見ていた時「おむつ」はイギリス英語式に napkin とか nappy と呼ばずに、正にアメリカ英語式に diaper と呼んでいた。

7
「路面電車」の表現

　イギリスでは路面電車を tram と呼ぶが、カナダではアメリカ英語式に streetcar と呼んでいる。

写真38　Rogers Centre 付近を走る路面電車（2010年8月29日撮影）

写真39　TTC 地下鉄、バス、路面電車に共通の token（メダル状の乗車券）のオモテとウラ（2010年8月18日撮影）

8
「地下鉄」関連の表現

　トロント市内を縦横に走る TTC（トロント市交通局）地下鉄は、イギリス英語では underground、特にロンドンでは tube と呼ぶが、ここカナダではアメリカ英語式に subway と呼ぶ。面白いことに、その subway の駅構内にある「足下に注意」の掲示は、すでに拙稿（2012a: 65-66）で述べたように、イギリス英語式に「mind the gap」と書かれている。（第 1 部 1.「地下鉄のアナウンス『Mind the gap.』」参照）

　なお、この地下鉄に関連する表現で、アメリカ英語にもないし、イギリス英語にもない語彙として token があるが、これは TTC 地下鉄を中心に、バスや路面電車にも共通に使えるメダル状の乗車券のことである。写真 39 を参照のこと。

写真 42　TTC の transfer（乗り換え券）（2010 年 4 月 20 日撮影）

写真 40　TTC 地下鉄 Museum 駅の構内風景（2010 年 3 月 25 日撮影）

写真 41　TTC 地下鉄の車内（2010 年 8 月 3 日撮影）

写真 43　Bay 駅構内にある transfer の発券機（2010 年 8 月 26 日撮影）

第 4 章　日々の暮らしから知り得たカナダ英語

9
「バーゲン」と同義の「promotion」

　日本では一般に promotion というと「昇任、昇格」といった地位や階級が上がる意味に用いられることが多いが、各地の商店街でよく目にする promotion という言葉は、全く bargain や special price, special sale と同義で使われている。この意味の promotion は決してカナダ英語独自の用法というわけではないが、トロントで暮らした日々の中で気づいたことなので、ここで取り上げることにした。

写真44　繁華街 Bloor St. のルーツ（2010年8月26日撮影）

写真45　promotion を知らせるルーツの掲示板（2010年8月29日撮影）

　トロントの繁華街、Bloor 通りにあるルーツ（Roots）[*1]でバッグを買おうとした時、店員がショーケースの上に置いてある1個2ドルほどの缶入りキャンディーをぜひ買えと言う。そのキャンディーを買えば、バッグ1個なら50ドル、バッグ2個なら100ドル値引きすると言うのである。意味がよく分からなかったので、なぜキャンディーを買うと100ドルも値引きするのかを彼女に尋ねたところ、今、この店で promotion をやっているので、200ドル以上を購入する毎に50ドルの値引きをしているというのである。つまり200ドルにわずか足らないので、キャンディーを買えば200ドルを越えるので、50ドルの値引きをするのだと、親切に教えてくれた。つまりこの時の promotion は、日本で言うところの「特売」や「バーゲン・セール」に当たる意味で用いられていることが分かった。

　もちろんいくつかの辞書類には「販売促進」という記載が見られ、中には「販売促進のためのプレゼントや宣伝」などと記述して、微妙な意味の重なりを示してはいるものの、上に述べたように bargain と同義語で用いられている現実を明示しているとは言い難い。

　なお、ある時、テレビのCMで見た便利グッズが欲しくなり、近所の Centerpoint Mall に入っているデパート「Zellers」（なお、Wikipedia 英語版の情報に寄れば、ミシサガに本社があり、カナダ全土にチェーン店を持つ Zellers は、残念ながら2012年に閉店し、米国系企業の Target Canada 社が買い取ったとのことである）に行って、テレビで通信販売していた商品があるのかを尋ねた時、店員から

promotion の品は 2 階のコーナーで探してほしいと言われたことがある。この場合の promotion は、一般的に辞書に記載されている「販売促進」の意味に近い。

10
「エスカレーター」もアメリカ英語式

　TTC 地下鉄の「バザースト駅」(Bathurst Station) 構内にある案内表を何気なく見ていて、ふと気づいたが、ここカナダでは「エスカレーター」をイギリス英語の「staircase」と言わずに、アメリカ英語の「escalator」と呼んでいる。

写真 46　バザースト駅の案内板にアメリカ英語の「escalator」が使われている（2010 年 8 月 26 日撮影）

　なお、本章第 3 部「英米折衷型の語句・表現、ならびにカナダ英語独自の語句・表現」に掲載の写真 49「North York Centre の案内図に見られる階数表示」の上部にも「escalator」の文字が見える。

＊1　1973 年創立のカナダを代表するカジュアル・ブランドで、バンクーバー・オリンピックの時のカナダ代表チームのユニフォームを手がけて、一層有名になった。カナダ全国に店舗があり、トロント市内に限っても 100 Bloor St.W. にある店舗の他にイートン・センター (The Eaton Centre) にも、プロムナード・マーケット (Promenade Market) など、方々に店舗を持っている。

第3部
英米折衷型の語句・表現、ならびにカナダ英語独自の語句・表現

本章の最後に、イギリス英語とアメリカ英語を折衷した語句・表現や、カナダ英語にしか見られない独特の語句・表現を取り上げてみる。

1
建物の階数表示について
(イギリス英語とアメリカ英語の折衷)

イギリス英語とアメリカ英語では建物の階数を表示する表現に大きな違いがあることは周知の通りである。手元の Swan や OALD 7 を引用するまでもなく、英国では1階を ground floor、2階を first floor、3階を second floor と呼ぶのに対して、米国では1階を first floor、2階を second floor、3階を third floor と呼んでいる。

① first floor, second floor etc (American English)/ ground floor, first floor etc (British English)— Swan (1995: 42)

② ground floor (*British English*) (*North American English*, first floor) *noun* the floor of a building that is at the same level as the ground outside: *a ground-floor window*/ *I live on the ground floor.* — OALD 7

イギリス英語とアメリカ英語の2つの規範が混在するカナダでは、このような場合に英米いずれの規範に従っているのかという問題はたいへん興味深い。アメリカ英語が入って来たのは、少なくとも1565年には始まったと Orkin (1970: 63) の指摘があるが、Scargill (1974) は、イギリス英語とアメリカ英語で異なる語彙、綴り、発音、表現について、例えば「ポテトフライ」をイギリス英語式に chips と呼ぶのか、アメリカ英語式に french fries や fries と呼ぶのか、といった詳細なアンケート調査を広範に実施して、総数14,228人の被験者による調査結果を、「形態論・統語論」、「発音」、「綴り」、「語彙」の分野から、ブリティッシュ・コロンビア州、オンタリオ州、ケベック州などカナダ全10州を対象に、極めて興味深い調査結果を示し、カナダ英語の実態研究の基礎を築いている。

ヨーク大学ではキャンパス内のアパートで暮らしたが、アパートに入居する前の準備期間や、数度の出張旅行の際、さらにはアパートを出て帰国の日程を調整する間に、様々なホテルに滞在する機会にも恵まれたので、常にホテルの階数表示には特に注意を払っていた。

カナダを訪れる前は、カナダ英語は基本的にイギリス英語に基づくものと思っていたが、少なくとも筆者の滞在したどのホテルに関しても、まず例外なく1階を first floor、2階を second floor、3階を third floor などとアメリカ英語式に建物の階数が表示されていた。

トロントに到着した直後、ヨーク大学の

アパートに入居するまでの1週間を過ごしたシェラトンホテルでは、あえてフロントデスクに出向き、1階をどう呼ぶのか、2階はsecond floorと言うのかなどと、フロント係に尋ねてみたが、当然のこととして、何を馬鹿なことを尋ねるのかといった顔色がはっきりとうかがえた。

建物の階数表示は、特に外国人にとってアメリカ英語式に表示されるのが最も誤解を招かず、分かりよいので、様々な国の人が泊まるホテルでは当然とも言えるが、ホテル以外の公共の建物に注意してみると、時にイギリス英語とアメリカ英語を折衷して、1階をground floor、2階をsecond floorと表示される場合があることに新鮮な驚きを感じた。この点は、すでにごく簡単に拙稿 (2011:56) でも言及した。

トロント市内を走るTTC (Toronto Transit Commission) 地下鉄4路線のうち、ヤング・ユニバーシティ・スパダイナ線 (Yonge-University-Spadina Subway) の北東側の終点、フィンチ (Finch) 駅の1つ手前にノース・ヨーク・センター (North York Centre) 駅があるが、ここには駅と直結したスーパーマーケット「ロブローズ」(Loblaws) をはじめ、多くの店が集まったショッピング・センターがあり、また教育施設や公共施設、さらには高級マンションが建ち並ぶ治安の良い住宅街としても知られ、日本の商社の駐在員を中心に日本人も多く暮らす地区でもあり、いつも大勢の人で賑わっている。この駅の改札口から出てすぐの「Loblaws」の前にある、上階へと繋がっているエスカレーター横のフロア案内図 (写真49を参照) には、1階がground floor、2階がsecond floorと表示されて

写真47　North York Centreのスーパーマーケット Loblaws (2010年4月1日撮影)

写真48　North York CentreのスーパーマーケットLoblawsが入っている建物内部の風景 (2010年4月9日撮影)

写真49　North York Centreの案内図に見られる階数表示 (2010年4月1日撮影)

いる。

その後も、このような英米折衷型の階

第4章　日々の暮らしから知り得たカナダ英語

数表示を見ることがあったが、1階を ground floor、2階を second floor と表示することは、イギリス英語とアメリカ英語を折衷したカナダならではの表現として極めて興味深い。

写真51　右からカナダ2ドル硬貨のオモテ1種とウラ2種（2010年8月18日撮影）

2
謳い文句の「Toonie Tuesday」

カナダ以外の国や地域では決して見られないカナダ英語を代表する特徴的表現の1つに「Toonie Tuesday」という謳い文句があり、例えばカナダ国内のファーストフード産業を中心に毎日のように用いられ、日常語化している。

まず、なぜ2ドル硬貨が一般に toonie と呼ばれるようになったのかという点があるが、そもそも1ドル硬貨がその俗称として loonie と一般に呼ばれることから、この2ドル硬貨も two と loonie の「かばん語」(portmanteau word) として toonie と呼ばれるようになったことは明らかである。

③　The informal, popular name for what the Canadian Mint calls the one-dollar coin is the *loonie* (plural *loonies*). The two-dollar coin has been dubbed, by analogy, the *toonie* (plural *toonies*). The loonie was introduced in 1987, the toonie in 1996. The spelling of both words, now stabilized, varied for a while: *looney*, *loony*, *twonie*, and *twoonie* were all briefly tried but rejected. — *Guide to Canadian English Usage*, p.363.

写真50　Toonie Tuesday [KFC (Kentucky Fried Chicken Co.) 2010年4月広告]（2010年9月1日撮影）

この表現1つを取り上げても、なぜこのような表現がカナダで日常語化しているのかを考えれば、単純に、カナダの2ドル硬貨の俗称が toonie であるから、韻を踏んで（つまり、語呂を合わせて）使われているといったような辞書的説明では満足できない。

では、なぜ1ドル硬貨が、そもそもその俗称として loonie と一般に呼ばれるようになったのか。この点については、多くのカナダ英語の辞書に明記されている通り、1ドル硬貨にカナダの国鳥と言うべき水鳥の1種「あび」(loon) が硬貨表面の図柄として刻印されているからである。

④　In May 1987, the Canadian

government, in an attempt to cut costs, introduced an 11-sided, gold-coloured coin to replace the one-dollar bill. The move wasn't a popular one land in jest, Canadians took to calling the coin "Mulroney's Loonie," after then Prime Minister Brian Mulroney. Not only did the term rhyme, but loonie perfectly described the new coin. Made of aureate bronze plated onto pure nickel, the loonie depicts on its reverse side a loon drifting lazily through a lake. ― Thay（2004: 82）

しかし、この硬貨鋳造の歴史に目を向ければ、「あび」が図柄に選ばれたのは、全くの偶然であったことがわかる。当初、カナダ造幣局が予定していた図柄は、カナダの狩猟民族（voyageur）がカヌーに乗っているものであった。この予定が全く偶然の事故で、オタワの造幣局で作られたこの硬貨の鋳造原盤が、1986年11月3日にウィニペグの鋳造所に運び込まれる直前に紛失し、急遽、間に合わせのために、予備として準備されていた第2候補の「あび」の図柄の原盤から1ドル硬貨が鋳造された*1という隠された経緯があった。

⑤ The loon was designed by famed wildlife artist Robert-Ralph Carmichael, but it was not the original intended design. The plan was to have a voyageur, but he got lost during his portage to the Royal Canadian Mint in Winnipeg. No matter. The loon is Canada's national bird and while it didn't gain popularity until 1989 when the Royal Canadian Bank stopped producing one-dollar bills, the coin quickly became common, weighing down the pockets and purses of Canadians everywhere. The name loonie stuck. ― Thay（2004: 82-83）

写真52　右から1ドル硬貨オモテとウラ（2010年8月18日撮影）

写真53　Canadian Museum of Nature（国立自然博物館）に展示されているカナダに生息する水鳥、2種類の「あび」の剥製。向かって左が一般的な「あび」（common loon）で、右が「黄色くちばし・あび」（yellow billed loon）（2010年6月21日撮影）

写真54　幻となった1ドル硬貨の旧デザイン（Webサイト「Loonie Design」掲載の写真より）

第4章　日々の暮らしから知り得たカナダ英語

したがって今日、カナダで日常語化しているToonie Tuesdayという謳い文句が当時の造幣局の偶然の事故が無ければ今、存在していないと思うと、言葉の不思議さや面白さに心打たれる。

＊1　Webサイト「Loonie Design」（http://www.snopes.com/business/money/loonie.asp）の記述を参照。

3
「bobblehead」
（ロジャーズ球場での野球観戦から）

スポーツの盛んなカナダでは、アイスホッケーのような冬のスポーツだけでなく、野球も大人気のスポーツの1つで、特に、ここトロントには米国メジャーリーグ（MLB: Major League Baseball）に所属するチームがあることはよく知られている。

以前、カナダにはモントリオールに本拠地を置いたモントリオール・エクスポズもあったが、2005年から米国ワシントンD.C.に本拠地を移し、新たにワシントン・ナショナルズに生まれ変わったので、現在は、トロントを本拠地とするトロント・ブルージェイズがカナダ唯一のメジャーリーグチームである。つまり、ブルージェイズは現在、米国の国外に本拠地を置く唯一のMLBチームということになる。

このブルージェイズのホームグラウンドはトロントの中心街、オンタリオ湖畔のハーバーフロントにあり、トロントのシンボルであるCNタワーの西に隣接するロジャーズ球場（Rogers Centre, 1 Blue Jays Way）

写真55　トロント島へのフェリー船上から。中央にCNタワー、その左にロジャーズ球場が見える（2010年5月4日撮影）

である。

　このロジャーズ球場はたいへん便利な所にあり、トロント市庁舎を始め、大きなホテルやデパートなどが密集するダウンタウンの中心部から徒歩でも20～25分程度、歩くのが面倒であれば、市内を縦横に走るTTC地下鉄に乗り、ユニオン駅で降りて歩くか、それも面倒ならユニオン駅の地下で連絡している路面電車に乗り換えれば、球場の目の前、ブルージェイズ通り（Blue Jays Way）までほとんど歩かずに行ける。

写真56　ロジャーズ球場の開いた屋根からCNタワーの一部が覗いて見える（2010年5月29日撮影）

　このように交通の便が良く、ヨーク大学からでもバスと地下鉄を乗り継いで小一時間で行けるし、気軽に楽しめるので、筆者も日頃のキャンパス生活の気分転換のために、よく球場に足を運んだ。

　目的はもちろん気分転換だったが、このロジャーズ球場での野球観戦は、思いがけずカナダ英語の語彙や表現を知る好機にもなった。例えばCasselman (1995) は、カナダ英語独特の語彙や表現を21の分野に分けて紹介し、その分野の1つに「スポーツ」を取り上げているが、筆者自身もロジャーズ球場へ野球観戦に行かなければ、おそらくは知り得なかったいくつかのカナダ英語、あるいはカナダ人の日常表現の中からbobbleheadを取り上げる。

　球場の窓口でチケットを購入しても、インターネット上で購入しても、ブルージェイズの年間の試合予定が記された小さなリーフレットがチケットに添付されてくるが、このリーフレットには試合日程やチケット料金の他に、giveaway（景品）が提供される日程も記されている。このgiveawayという言葉自体も、このような機会でもない限り出会えない言葉だが、ファン・サービスのために無料の景品や記念品を配る日があり、このgiveawayを目当てに観戦に来る人も多い。球場の周囲に何カ所も設けられた入場口で、列を作って開場を待っていると、以前にgiveawayで貰ったに違いないブルージェイズの野球帽やスポーツバッグなどを持って来ているファンが多いことに気づくし、中には「安い入場料で、giveawayまで貰って申し訳ない」と、球場の係員に話しかける人もいた。

　2010年度のリーフレットに記されたgiveawayの日程によれば、5月16日の対テキサス戦にBlue Jays Cap、8月29日の対デトロイト戦にDave Stieb Bobblehead、9月26日の対ボルティモア戦にBlue Jays T-Shirtと出ているが、この日程以外にも突然、テレビや新聞などでgiveawayの日がアナウンスされること

もあり、例えば7月11日の対ボストン・レッドソックス戦の直前にテレビや新聞で、ブルージェイズのスポーツバッグが giveaway で貰えると知り、日本人の松坂大輔投手が先発することもあって、急遽、この試合を観戦に行き giveaway のスポーツバッグも、もちろん貰った。

　特に野球ファンに人気の高い giveaway は bobblehead のようで、8月29日の対デトロイト戦で giveaway に提供された往年の名投手 Dave Stieb の bobblehead の時には、多くのファンが家族総出でやって来たり、中には1人で安い外野席のチケットを何枚も買って、giveaway の bobblehead を貰っては出て行き、また入場し直して、また貰うを繰り返しているファンまでいた。因みに Dave Stieb は、ブルージェイズで初めてノーヒット・ノーランを達成した名投手で、この日の試合前に、1990年9月のノーヒット・ノーラン達成の日から20周年を記念したセレモニーがあり、Dave Stieb 本人が当時のチームメイト数人と共に招かれて、ファンに元気な姿を見せて大喝采を浴びた。

　この bobblehead という語は、有名選手や人気選手のフィギュアであり、首が動くマスコット人形のことであるが、手元のどの米国系の辞書にもどの英国系の辞書にも記載がない。唯一、カナダ英語の *Canadian Oxford Dictionary* が bobble-head doll として、次のように記載している。

⑥　bobble-head doll *adjective* a small figurine with a disproportionately large bobbing head, esp. representing a popular sports figure or celebrity.

写真57　ノーヒット・ノーラン達成20周年記念のセレモニーに招待された Dave Stieb と元チームメイト(2010年8月29日撮影)

写真58　giveaway で貰った Dave Stieb の bobblehead (2010年8月29日撮影)

— *Canadian Oxford Dictionary*

⑥のように、唯一、記載しているこの辞書には bobble-head doll として取り上げられているが、現実には bobblehead 1語で日常語になっている。

　なお、Dave Stieb の bobblehead は、粗末なプラスティック人形などではなく、重量感のある立派な陶器の置物で、しかも非常に精巧なマスコット人形であり、これを貰うために1人でチケットを何枚も買うファンがいても、決して不思議ではない。

4
Canajan（カナダ英語）の発音に関する覚え書き

　時にイギリス英語でもなければアメリカ英語でもない、いわゆる「Canajan」（カナダ英語。Canajunとも綴る）と呼ばれる独特の発音、語彙、表現を持つ英語の変種の1つに出会うことがあり、行儀の良い学校英語しか経験のない者は特に、とまどうことが多い。一般的に Canajan は学校教育を十分に受けていない人の英語であるとか、洗練されていない英語であるといった目で見られることが多いようだが、どのように周りから見られようとも、カナダの生きた言語であることに間違いない。さすがに学内で耳にした記憶はないが、一歩、街中に出ると、様々なお国訛りの英語に混じって、Canajan にも出会うことになる。

　ここで Canajan が、実際に、どのように聞こえるのかを示すために、Orkin (1982) に収集されている Canajan の語彙・表現の中から、「モントリオール」の項目を一例に取り上げる。引用例中、それぞれの [ ] 内の語句は、筆者が標準的な英語に言い換え、付記したものである。

⑦　Mun Treal [Montreal]：The largest French Canajan [Canadian] siddy [city], sidduaded [situated] on an island in the Sen Lornz River [the St Lawrence river]. Local usage favours the dialectal variant Mon Treal. According to the press, much rivalry is alleged to exist between Mun Treal [Montreal], the Joual [French] cabbidal [capital] of Canada, and Tronna [Toronto], the Canajan [Canadian] cabbidal [capital] of Canada. — Orkin (1982: 83)（本文中の下線ならびに [ ] 内の言い換えは筆者による）

　ここでは活字で示すしかないが、実際には綴りではなく、上のように耳に響く、聞こえる、ということである。

　さらにまた、移民の国カナダ、移民の街トロントと言われるだけに、それぞれのお国訛りの英語発音があちこちで飛び交っている。これは、1969年にカナダ連邦政府によって英語とフランス語が対等であると認められ、1982年にカナダ憲法によって英語とフランス語を公用語として定めたにも関わらず、「日常的に英語を用いる人は全国民の6割程度、フランス語は2割程度である」（bits TOWN Vol. 2, p.41）し、全人口の「約21％は2つ以上の母語を持つか、(中略) 英・仏語以外の言葉を母語としている」（同書）ので、様々なお国訛りに富んだ英語に出会える。そもそも歴史的に見てイギリス英語が基本にあるとは言え、日常的には英国の RP (Received Pronunciation: 容認標準発音) など望むべくもなく、それぞれのお国訛りの英語が飛び交っている。

　英語の発音がネイティブのようにいかないことを気にする日本人も多いが、ここでは各国のお国訛りの英語発音が一般的である。余談ながら、これはひとえに筆者の力不足によることであるが、総じて、韓国人や中国人の英語発音は筆者にとって聴き易かったが、インド系の人の発音は聴き取りにくかった。例えば理容店で散髪して貰いながら世間話をするにしても、ヨーク

第4章　日々の暮らしから知り得たカナダ英語

写真59 ヨーク大学のショッピング・モール「ヨークレーン」にある理容店「Kliks Beauty Centre」(2010年8月16日撮影)

写真60 ヨークレーンにある理容店「Kliks Beauty Centre」で初めての散髪 (2010年4月12日撮影)

写真61 行き付けになった散髪屋 (3 Four Winds Dr, North York, Ontario M3J 1K7) (2010年8月17日撮影)

写真62 行き付けの散髪屋 (3 Four Winds Dr) が入ってる University City Mall のビル (2010年5月9日撮影)

　大学のキャンパス内にある理容店「Kliks Beauty Centre」で1度お世話になった理容師はインド系の女性であって、話が聴き取れないことも多く、苦労した。

　その後、大学キャンパスから徒歩15分ほどの所に昔ながらの散髪屋を見つけて、試しに入ったところ、気に入ったので、以後、頻繁にここへ通うようになったが、ここではいつも初老のウクライナ人女性が散髪してくれた。彼女のロシア語訛りの強い英語は、思いの外、筆者にはとても聴き取り安かった。

　なお、カナダの理容店事情については第5章5で述べる。

　このように、お国訛りの英語に富むカナダでありながら、意外なことに、日本人英語が通じないのも、また皮肉な現実である。一例に日本の車や自動車会社を取り上げても、ニッサン(日産)はともかく、トヨタ(豊田)は「トヨダ」であるし、ダットサンは「ダッツン」である。またホンダ(本田)は「ハンダ」である。基本的に5母音で構成される日本語との音の聞こえの相違にとまどう日本人は少なくないと思われる。

　ある日、何気なくテレビのコマーシャルを見ていて「アキーア」と耳に飛び込んできたが、すぐにはぴんと来ずに画面を見ていたら、これが日本でも有名な家具チェーン店「イケア」の宣伝であった。手元の辞書によれば [aikí:ə] とあるが、多くの日本人には「アキーア」と言われても、家具のイケアを思い浮かべにくいと思われる。

　さらに、カナダ国内でもケベック州のようにフランス語を公用語とする地方では、

写真63　オタワの国会議事堂にある平和の塔展望台からオタワ川やケベック州ガティノー方面を望む（2010年6月20日撮影）

たとえ英語が通じる相手であっても、たいていフランス語に影響された英語であって、一層、とまどうことが多い。ちなみにカナダ英語におけるフランス語の要素について詳細は Orkin (1971) を参照されたい。

例えば、空路ではなく VIA 鉄道でトロントからケベック・シティ方面に向かうと、車内放送はもちろん、車掌や車内販売員との会話も全て英語とフランス語で行われるが、首都のオタワまでは最初に英語が放送され、後からフランス語の放送に切り替わる。車掌も車内販売員も皆、流ちょうなバイリンガルである。ところがオタワを越えると、モントリオールからはフランス語圏に入るので、車内でも英語とフランス語の放送順序が逆転し、フランス語が先になり、英語が後になる。

こんな車内でふと思い出したのは、フランス語ができない筆者が、以前、パリのメトロ（地下鉄）に乗ってオペラ駅に向かった時、メトロ車内の案内放送で「オペハ」と駅名がアナウンスされたのにたいへん驚いたことであった。

写真64　ケベック・シティの Rue du Petit Champlain（プチ・シャンプラン通り）風景（2010年5月2日撮影）

写真65　ケベック・シティからモントリオール経由でトロントに帰る VIA 鉄道の車中風景（2010年5月2日撮影）

5
「閉店、廃業」の意を表す「deadpool」

カナダ英語独特の語とは決して言えないが、「閉店、廃業」の意を表す"deadpool"という語が、日常、普通に使われている。第5章7「トロントには日本人街がない」の中で、日本の食料品を扱っていた「Little Tokyo」という店が、すでに閉店していることを報じた記事の中で、"Little Tokyo Enters the Deadpool"と用いられている。(Webサイト「blogTO」: http://www.blogto.com/deadpool/2008/07/little_tokyo_enters_the_deadpool/)

これは、トロントの某住民からの投稿記事であるが(第5章第7節の①を参照)、この記事の内容、さらにはこの記事の読者からのコメントや追加情報などを考慮する限り、特殊な専門用語や業界用語(いわゆるjargon)ではなく、一般の人々に使用されている日常語の1つと見なして良いと思われる。ところが、この日常語が筆者の手元の辞書類には一切、載っていない。

もちろん、第5章第7節の①に見るように、この語が「閉店、廃業」の意味で用いられていることは明らかであるが、どこかに正確な記述がないかと、インターネット上で情報を求めて見たところ、一般のネット利用者が自由に投稿できる「知恵袋」(YAHOO! JAPAN)や「なんでも相談室」(BIGLOBE)に、「企業が活動を停止したにもかかわらず、社名の法人登録だけは残してある、という状態」(http://detail.chiebukuro.yahoo.co.jp/qa/question_detail/q1316234628) や「会社が廃業かビジネスの終焉を迎えようとしているという場合に使われている」(http://soudan1.biglobe.ne.jp/qa3991274.html) といった、識者による回答が掲載されている。

正確な定義やどこで用いられる用語であるのかといった詳細は、現時点で残念ながら不明であるが、用いられた文脈から「廃業、閉店」の意であることは間違いない。さらにまた、この語が"dead"+"pool"の合成語であることから考えても、「命のない」+「深み、たまり」であり、「閉店、廃業」の意味を表すこと言うまでもない。いずれにしても、今後、辞書類に取り上げるべき語の1つであると思われる。

6
形態素「centre-」と「center-」の共存

カナダ英語の一般的特徴の1つに「centre」の綴りがイギリス英語式であることは周知の事実であり、本書の冒頭、第1章3「カナダ英語の文法研究・語法研究について」でも「カナダ英語ではどのような場合にもcentreとイギリス英語の綴りを固守する」と述べたし、第Ⅲ章「カナダ英語の特徴」で「イギリス英語と同じ接尾辞の-reを用いる」と述べ、その1例として第3章3の例⑧に「centre」を挙げた。

しかし、実際の生活の中で細かく観察していると「centre-」のように複合語を形成する場合、つまり形態素としての「centre」を見ると、イギリス英語式に「centre-」と綴る場合とアメリカ英語式に「center-」と綴る場合があることに気がつ

いた。

⑧　イギリス英語式（centre-）の場合：
Centrepark, Centreview, Centreville

トロント市内のTTC地下鉄「Eglinton West」駅から西へ約5キロの所に「Centrepark Drive」という名の道路がある。また、トロント市から約200キロ東にあるクラリントン自治市（Municipality of Clarington）に「Centreview Street」という道路がある。さらに、トロント・アイランドに「Centreville Amusement Park」がある。（第Ⅵ章5．カナダの遊園地（その3）トロント・アイランドと「センターヴィル・アミューズメントパーク」を参照）

⑨　アメリカ英語式（centre-）の場合：
Centerfield, Centerpoint

先ほどのクラリントン自治市に「Centerfield Drive」という道路がある。また、トロント市のNorth York地区に「Centerpoint Mall」という大きなショッピング・モールがある。（第5章2．「飲酒に対する厳しい制限」中のCenterpoint Mallを参照）

このように、1つの語彙としての「centre」は、必ずイギリス英語式に綴りながら、その一方で、複合語を作る形態素としては、イギリス英語式に「centre-」と綴る場合と、アメリカ英語式に「center-」と綴る場合の揺れがあることが、カナダ英語の特徴の1つであると分かった。

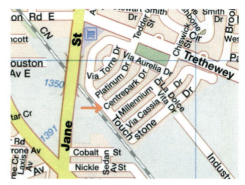

地図1　トロント市にある道路「Centrepark Drive」。地図中央の赤矢印の所。『Toronto and Area』p.108 より

地図2　クラリントン自治市にある道路「Centreview Street」。地図中央の赤矢印の所。『Toronto and Area』p.263 より

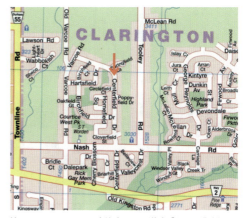

地図3　クラリントン自治市にある道路「Centerfield Drive」。地図中央縦の赤矢印の所。『Toronto and Area』p.269 より

第5章
カナダの暮らしから

トロントのイートンセンター（2010年3月24日）

1
カナダの医療事情、病院事情
(Walk-in Clinic)

カナダで Walk-in Clinic と言えば、予約や紹介状なしに、いわゆる飛び込みで初診が可能なカナダ独特の病院や診療所の名称である。

カナダではファミリードクター (Family Practitioner) 制度が行き渡り、日頃、健康管理をしてもらうファミリードクター（かかりつけ医）を通じて専門医や専門病院を紹介してもらう。したがって日本とは異なり、基本的には病院や診療所に初診で飛び込んで診療や治療を受けることができない。

しかし周知のように移民の国カナダ、移民の街トロントとして知られるだけに、様々な国の人々が様々な形で住み暮らしているので、ファミリードクターを持たない人や保険証を持たない人もまた多いので、初診で飛び込める Walk-in Clinic は重宝されている。ちなみにカナダでは各州が独自に健康保険制度を作っているので、オンタリオ州居住者は、オンタリオ州健康保険制度（OHIP: Ontario Health Insurance Plan）を利用することになり、加入者は歯科、眼科を除いたほぼ全ての医療費がカバーされることになる。

実は、夏のある日、同伴した家内が病に倒れ、現地で治療を受けることになった。このために、日本の医療制度と大きく異なるカナダの医療を受けることになったが、この保険証 OHIP を持たない筆者たちは、持参した海外旅行保険に頼ることにした。この保険会社と提携している病院が、アメリカにはハワイ州も含めて 50 軒以上もありながら、カナダにはバンクーバーに 1 軒、ウィスラーに 1 軒、トロントに 1 軒しかないことに驚いたが、幸いにもトロントで唯一の提携病院がバスや地下鉄を乗り継いで小 1 時間ほどで通える所にあった。そこで早速、その提携病院に電話をかけたが、なんと間が悪いことに、10 日間ほど休診する旨の留守番電話メッセージが流れるだけであった。弱り果ててヨーク大学の知人に相談すると、学内に Appletree Medical Centre という Walk-in Clinic があるので、まずここで受診することを薦められて、初めて Walk-in Clinic という病院の存在を知った。

Walk-in Clinic の診察料は、OHIP を持っていれば無料であるが、持たない場合は、各 Clinic が独自に定めている料金を払って受診することになる。この Appletree Medical Centre では定められた 62 ドルの受診料を払って受診した。日本円に換算して約 6 千円という診察料は、まずまず良心的な料金だと思われる。

町中の Walk-in Clinic では順番が来るまで、かなりの時間、待たされると聞いて

写真 66　地下鉄 Christie 駅近くの Walk-in Clinic（2010 年 8 月 21 日撮影）

写真67　ヨーク大学内にある Walk-in Clinic『Appletree Medical Centre』（2010年8月16日撮影）

写真69　救急病院 Humber River Regional Hospital の外観（2010年7月23日撮影）

写真68　ヨーク大学内の薬局『York Lanes Pharmacy』（2010年8月16日撮影）

写真70　救急病院 Humber River Regional Hospital の救急車（2010年8月18日撮影）

いたが、ここは学内の Clinic であるので、時期的にも夏の学期中の7月で、学生数もふだんより少なく、付近の一般住民も利用するとは言え、幸い、わずかな待ち時間で診察を受けることが出来た。

　医師による診察や検査が終わると、最後に Prescription（処方箋）を書いて貰い、それを薬局に持参して薬を購入することになるが、たとえ OHIP を持っていても、薬の購入は全額、自己負担となる。ヨーク大学では、この Clinic の隣に York Lanes Pharmacy という薬局があり、たいへん便利であった。ちなみに、この時、1日3回服用する antibiotics（抗生物質）を5日分処方されたが、薬局での支払いは、手数料も含めて20ドル程度、日本円にして2千円に満たず、日常の常備薬を購入する際にも感じたことだが、日本に比べてカナダでは医薬品が安いと感じられた。

　さて初回の診察と薬で大丈夫だと思ったが、その後も良くならず、再びヨーク大学のこの Walk-in Clinic に行き、もう1度、診察を受けたところ、抗生物質を drip-feed（点滴注入）で受けるように指示されて、至急に救急病院へ行くようにと、紹介状を貰った。

　この救急病院では、救急外来（emergency）と言いながら、まず院内の「Triage」（治療優先順位の選別）の窓口で看護士と面談し、な

写真71 Humber River Regional Hospital の Triage 付近。皮肉にも、この写真の撮影時には救急外来の患者がほとんどなく、院内が落ち着いていた（2010年8月18日撮影）

ぜこちらへ来院したのかという事情や症状を詳しく確認してから、急を要する場合にはそのまま院内へ通されるようであるが、たいていは長時間、診察を待たされる。当地の暮らしの情報誌 bits TOWN（vol. 2）によれば「最近の傾向として、待ち時間は2～3時間から長い時には5時間などと言われている」（同、p.60）とのことで、家内の場合も受付後、診察室に通されるまでに2時間ほど待たされたが、これはまだ短い方である。ちなみにヨーク大学の Walk-in Clinic で書いて貰った紹介状は、この Triage でほとんど何の役にも立たなかった。

順番を待っている間に女性が手を切って、かなりの出血をしているにも関わらず、Triage を経由し診察室に通されるまでにずいぶん待たされていたが、はたして Triage のシステムはこれで良いのか疑問に感じられたし、医師不足、看護士不足、病院不足を痛感した。

結局、家内は2時間ほど待った後、診察室に通されたが、ここは診察室とは言い難い代物で、診察用の簡易ベッドや検査機器は置いてあるものの、単に大きな部屋をカーテンで仕切っただけのスペースに過ぎなかった。ここでも医師が診察に来るまで小1時間、待たされた。ようやく医師が来て一応の検査や診察が終わった後に、ヨーク大学の Walk-in Clinic で指示された通りの、抗生物質の drip-feed（点滴）を受けることになったが、すぐに指示された治療にかかってくれたなら、時間も労力も大幅に節約できたのにと内心、思った。

院内は乳幼児からお年寄りまで、様々な傷病の患者であふれており、その上、頻繁に救急車が到着しては、重装備の救急隊員が何人もかかって、一刻を争う患者を、慌ただしく運び入れて来る。そのような状況なので、点滴でさえベッドに横になって受ける場所もなく、何時間も椅子に座ったまま受けさせられた。次々に患者が増えるので、カーテンで仕切られただけの診察スペースすら足らず、次々と患者が診察スペースから追い出され、大部屋の片隅にどうにか居場所を作り、椅子にすわったままスタンドを抱えて点滴を受けさせられる。このような患者は、この時、家内を含めて少なくとも10人はいた。

医師もてんてこ舞いであることはわかるが、最初に診察してくれた医師が数時間後には別の医師に交代する。交代するのは致し方ないとしても、突然、この2人目の医師が独断で、点滴を受けるだけのつもりで何の宿泊準備もして来ていない家内に、急に入院するように指示するので、どうして良いのやら途方に暮れたが、結局は、そのまま病院に泊まるしかなかった。

入院とは名ばかりで、まともな部屋もなく、かろうじて置かれた簡易ベッドに横になり、人工透析を受けている患者が大勢い

るほか、点滴の患者は、ひたすら部屋の片隅で、椅子に座ったまま何時間も過ごしている。たまに看護士が巡回して、点滴の薬液が無くなったのを見ると、新しい薬液に取り替えるだけ。食事も飲み物も一切、世話してくれない。必要に応じて家族や知り合いが付き添って、食事や飲み物を差し入れ、世話をするしかない。筆者の場合、取る物も取り敢えず、家内を急いで連れて来たので、夕刻になりアパートのことが心配で、まともな病室もなく、看護らしい看護も受けられない病院に、しかも英会話に不自由な家内を１人、病院に残すのは不安でならなかったが、売店で飲み物とパン類を買い、手渡してから、後ろ髪を引かれる思いでアパートに戻った。

　その夜、家内のことが気がかりで、まんじりともせず１夜を明かし、翌朝早く、病院を訪れ、点滴のお陰で回復した様子を見て、その場で家内を病院から連れ戻した。昨夜の様子を尋ねると、夜の９時過ぎになって、ようやくキャスター付きの簡易ベッドが与えられ、横にはなれたが、ベッドを置く部屋もなく、廊下の壁際に、ベッドを車の縦列駐車のように並べて夜を明かしたとのことであった。喉が渇いても、看護士が水１つ持って来てくれるわけでなく、またその一方で、自由に院内の売店に出て行かせてもらえるわけでもないので、点滴の道具を引きずって、手洗い所へ行き、そこの水道水で渇きを癒したとも聞いた。また、ベッドに横になっても廊下に寝ているので、しょっちゅうベッドの脇を救急隊員が行き交うので、まともに眠れなかったとのことであった。

　幸い家内の病状も１昼夜に及ぶ点滴のお陰で、目に見えて回復したので、簡単には退院させてくれない病院に対して、すぐに日本に帰るので、本格的な治療が必要となれば日本で治療を受けると強く申し立て、強引に家内を退院させ、連れ戻した。救急病院でも、先に述べたOHIPを持っていないと、昨日の受診時に600数十ドルを求められ、翌日の退院時にも、再び600数十ドルを求められ、結局、一泊二日の治療だけで、薬代とは別に、日本円にして約13万円も払うことになり、医療費が余りにも高額であることには驚いた。ちなみに、この時にお世話になったアフリカ出身の女性看護士に、「保険がないので治療費が高くて、長く入院できない」と本音を漏らしたら、彼女の母親もアフリカから旅行に来た時、たまたま病気で治療を受けたところ、2,000ドルを請求され、医療費の高さに驚いて、すぐにアフリカに帰ってしまったと話してくれた。これがカナダの一般的な医療の実態なのであろう。

　あまりにもショッキングな体験であったので、つい長くなったが、いずれにしても、日本とは大きく異なるカナダの医療を経験して、単なる言葉や表現に留まらず、社会の奥深い一面を垣間見ることができた。

2
飲酒に対する厳しい制限

　カナダでは喫煙と共に、飲酒は日本以上に厳しく制限されている。これは1916年の禁酒法撤廃に伴って1927年に制定された「酒類管理条例」(The Liquor Control Act)の下に作られたLCBO (Liquor Control Board of

Ontario：オンタリオ州酒類管理局）が酒類の醸造販売を厳しく管理しているからである。

そこで、酒やビールを買おうと思えば、LCBO発行のライセンスを持ったliquor storeやbeer storeを探して購入するしかない。酒類は一般のスーパーマーケットや食料品店では一切売っていない。例えば、York大学から徒歩圏にある賑やかな商店街Jane Finch Mallでも、バスで30分ほどの大規模なショッピング・センターCenterpoint MallやT＆T Shopping Centreでも、数え切れないほど多くの店が軒を連ねているにも関わらず、酒店は1軒もない。アルコール類が欲しければ、別の場所に行ってliquor storeやbeer storeを探すしかない。ちなみに、Jane Finch Mallの付近では、このモールに通りを1つ隔てた別の商店街の中にビール専門のbeer storeが1軒あり、また、Centerpoint Mallの付近では、大きな駐車場をはさんだ隣にぽつんとbeer storeが1軒あるが、カナダではどこでも食料品、日用雑貨を扱う店の数と比べて酒店は限られていて、なかなか見つけにくい。

車を運転していても、もちろん飲酒運転など論外だが、開栓した酒やビールのボトルや缶を車内に置いているだけでも交通違反となり、処罰を受けるくらいである。

このような状況であるので、カナダでテレビを見ていて気がつくが、日本のコマーシャルのように、ビールをさも美味そうに飲み干すようなシーンは、カナダでは決して見られない。

写真72　Centerpoint Mallの隣にぽつんと立つBeer Store。酒店は数も少なく見つけにくい（2010年4月3日撮影）

写真73　Centerpoint Mallとその駐車場風景（2010年6月1日撮影）

写真74　PromenadeのT＆T Shopping Centreの2階の風景（2010年5月6日撮影）

第5章　カナダの暮らしから

3
文房具の入手は難しい（その1）
―マジックインキを例に―

　文房具は日本のように簡単に手に入らないと『地球の暮らし方⑦カナダ（以下『暮らし方』）』（p.24、右下欄）にも特記されているように、確かに、カナダでは文房具を探すのに一苦労する。例えばボールペンのような筆記具がスーパーにあっても、ちょっとした文房具になるとスーパーでは売っていない。そこで、文房具専門店を探さなければならないが、これが意外に少なく、見つけにくい。日本ならデパートに行けば、必ずある文房具だが、カナダではデパートに行っても売っていない。

写真75　York大学の「Bookstore」(2010年8月16日撮影)

写真76　ヨークレーンの「Ink Blotz」。この奥に郵便局がある（2010年8月16日撮影）

　ヨーク大学のキャンパスなら学内の「Bookstore」（周知のように、日本の大学の生協購買部に相当する）で一通りの物は揃うが、期待するほどの品揃えがない。ヨーク大学の学内商店街であるヨークレーンの奥に「York University Bookstore」があり、またヨークレーンの郵便局「Canada Post」にも、その入り口に「Ink Blotz」という、ちょっとした文具関係の店にも、あるいは「The General Store」という雑貨店にも、そこそこの文房具を置いてはいる。

　しかし日本で使い慣れた物や、自分好みの使い勝手の良い物を捜そうとすれば、やはり文房具専門店に行くしかない。

　例えば、日本ならどこにでも売っているマジックインキ1つ買うにも、カナダでは一苦労する。日本で言う「マジックインキ」は、一般に英語でpermanent markerとか、時には単にfelt-tip(ped) pen（フェルト・ペン）と呼ばれる。ちなみに英国でもpermanent markerと呼ばれていたことを思い出す[*1]。このマジックインキ、たまたま売り切れていたのか、ヨーク大学の「Bookstore」では見つからなかったので、Steeles Av沿いにバスで15分ほど西に進んだDufferin Stとの角にあるホームセンター「Super Store」に行ったら、たまたまマジックインキが置いてあった。しかし、日本のように極太や極細などといった豊富な品揃えではなく、色も赤と黒だけで、その太字のマジックインキ4本セットしか置いていなかった。それで、仕方なくそれを買って帰った。

　カナダで文房具専門店を見つけるのは確かに容易ではないが、暮らしていたヨーク大学のキャンパスから、バスや地

写真77　North York Centre 駅前にある Mel Lastman Square のマーケット風景。ちなみに文房具専門店「Staples」は正面のビルの並び（右手側）のすぐ近くにある（2010年6月24日撮影）

下鉄を乗り継いで小1時間の North York Centre 駅前、Yonge St 沿いすぐに「Staples Business Depot」(5095 Yonge St, North York, Ontario) があり、またトロント市の中心部 (375 University Ave, Toronto, Ontario) などにも店舗がある。

「Staples」は、確かに文房具の専門店だけあって、ファイル1つ取っても圧倒されるほど数も種類も豊富だが、日本のようにきめ細かな種類とは微妙に異なり、どうもぴったりした文房具となると見つけにくい。個人的な感想に過ぎないが、「Staples」を一言で言うと、「日本の事務用品の卸問屋」といった感じであった。

＊1　筆者は2005年9月20日から2006年3月23日まで、ノッティンガム大学の客員研究員として英国中東部のノッティンガム市で暮らした。

4
文房具の入手は難しい（その2）
―カナダには便箋がない―

上述のように文房具は一般的に手に入れにくいのであるが、一番驚いたのは、便箋がないことである。したがって、便箋を letter pad と言っても、相手に全く理解されない。

筆者はある時、手紙を書くのにパソコンでプリンター用紙に打ち出すのではなく、手で書く便箋が欲しくなり、取り敢えず手近なヨーク大学の「Bookstore」へ行ったが、探しても便箋が見つからないので、店員に letter pad を尋ねたら、letter pad という語がわからないと言う。驚いたが、ない物は仕方ないので、次にヨークレーンにある郵便局「Canada Post」に行った。この郵便局の入り口には、前節でも触れた「Ink Blotz」という文房具コーナーがあり、文房具を少し置いているので、最初にこの「Ink Blotz」を覗いて見た。目の前に letter set（便箋数枚と封筒のセット）をたくさん並べているので、当然、便箋もあると思って letter pad を尋ねたら、ここでも letter pad という言葉自体がわからないと言う。そこで店の奥に行き、小包用のダンボールなど郵便関係の物をびっしり並べている郵便局に行き、いつも親切な局員に letter pad を聞いたら、やはり彼も小首をかしげて letter pad が理解できない様子で、「手紙を書くなら、入り口の「Ink Blotz」で letter set を買いなさい」と言う。それで、先ほど「Ink Blotz」でも探したが、そこにはなかったこと、さらに、自分が捜している letter pad とはどのような物かを、あれこれ説明していると、デスクの上に置いてあったコピー用紙を指さして、「この紙を上げるから、これに書けばいい」とまで言う。

このように、letter pad と言って相手

に小首をかしげられると、誰でも便箋をletter padと言ったことが間違っているのかと不安になる。この時、筆者も不安になり、帰宅後、日本から持参した辞書を恐る恐る見たら、何のことはない、やはり便箋はletter padとしっかり載っている。

　このように、自分は正しい英語を使いながら、相手がそれを知らないために理解して貰えないだけであるのに、つい自分の英語を疑ったり、英語力に自信をなくす日本人もきっと大勢いるに違いないと、ふと考えた。

　結局のところ、ここカナダでは、日本で使っている便箋（はぎ取り式の手紙用の紙）はないということがわかった。ヨーク大学に長く勤務されている日本人の先生に尋ねてみたら、カナダに日本式の便箋はないとのお話だった。つまり、便箋その物がないので、letter padという語がないということである。権威ある日本の和英辞典が載せていながら、実際にはその物が存在しないために、その語自体も存在しないという現実問題が、これほど身近にあることに、改めて驚かされた。

5
カナダの 理容店・美容院事情

　周知の通り、カナダは英国の植民地としての歴史を持ち、現在、その言語に限っても、アメリカ英語の規範と共にイギリス英語の規範を堅持しているので、カナダ英語だけでなく、カナダの暮らしぶりが、はたしてどの程度、英国の様式を保持しているのかを見ることは興味深い。

　以前、拙稿(2009)「イギリス英語の背景―イギリス人の暮らし―」の2．4節「ヘアサロンや散髪屋」では、日本とは大きく異なる英国の理容店事情、美容院事情を取り上げたので、ここではカナダの生活様式を考える一例として、カナダの理容店事情や美容院事情を取り上げる。

　日本で出版されている旅行のガイドブックは数多いが、現地での暮らし方を教えてくれるものとなるとその数は極端に少なくなる。その貴重な情報源の1つである『暮らし方』は筆者にとって大変、重宝したが、それらの情報源も、やはり細かな点になると十分でなかったり、すでに古くなってしまったこともあった。

　ここに取り上げる理容店や美容院についても『暮らし方』の中の「美容院、理髪店に行く」というコラムは大いに参考になったが（「理髪店事情」、p.320）、これには「理髪店も探せばあるが、ほとんどは美容院で男性もカットするのは普通」とか「トロントのチャイナタウンなどでは、理髪店も見つけることができる」とあり、理髪店が少ないと紹介しているが、実際には理髪店の数は、所によれば多すぎると思われるほど多い街や地域もあり、少なくともトロント周辺で暮らしていれば、ダウンタウンのオフィス街はともかくも、人が暮らしている街や地域を散策していると、理容店や美容院など、散髪のできる店がすぐに見つかった。

　筆者はヨーク大学のキャンパスの南端にある学内アパートで暮らしたが、色々な所を訪ねた後、アパートから徒歩数分の所に昔ながらの散髪屋を見つけて、その後はここに頻繁に通った。

写真78 行き付けのFour Windsの散髪屋 (2010年5月9日撮影)

写真79 韓国人街の美容院や散髪屋が並ぶ一角 (2010年5月27日撮影)

写真80 Little Italyの散髪屋 (2010年5月27日撮影)

トロントのダウンタウンでも、あちこちに散髪屋 (barbershop) や散髪ができる美容院があり、例えば韓国人街 (Koreatown) の最寄り駅 (クリスティー[Christie]駅) を降りて、街の中央通りであるBloor Street Westを歩くと、数軒に1軒の割合で散髪屋や理容店が並んでいて、お客の取り合いにならないのかと心配になるほど散髪屋の数が多かった。

もちろん中国人街 (China Town) も散髪屋や美容院の数は韓国人街に劣らず多いし、具体例を挙げればきりがないが、トロントの中心街からCollege通りを西へ走る路面電車 (streetcar #506) でEuclid Aveで下車すると、ここから西へイタリア人街 (Little Italy) が広がっている。ここで下車した目の前にも散髪屋がある。

予約に関しては、イギリスでもそうであったが、それらの生活ガイドブックの情報とは違って、町中の一般の散髪屋や美容院では、予約は必ずしも必要ではなく、実際には、先客がいれば、皆、備え付けの雑誌や新聞などを読みながら順番待ちしている。たまに時間のない急ぎの客がいた時に、順番を譲って上げて喜ばれる時もあった。

また料金については、都心の高級美容院など除くと、一般的に町中の散髪屋や美容院は、日本の大衆理容店並みに安く、筆者が通った散髪屋では、カットと洗髪と仕上げで14ドルで、当時の換算レートで日本円の1,200円程度。韓国人街や中国人街の理容店になると、もっと安く、6〜8ドルでカットしてくれる店も多い。とにかく、筆者はこの行き付けの散髪屋で、毎回、この料金にチップを2〜3ドル加えていたが、いつも担当してくれたウクライナ出身のロシア人女性の理容師は、このチップをとても喜んでくれた。ちなみに、地元の人がチップを渡す姿は、たまたまかもしれないが、見られなかった。

このような町中の散髪屋は地元の常連客が大半で、理容師とお客が四方山話をしたり、軽口をたたいたりしながら、散髪して

第5章 カナダの暮らしから

いる。このような風景は日本と全く変わらない。

　女性向けの美容院も、日本人スタッフがいるような美容院は、数も少なく、料金も高めで、家内の場合、髪を染めるので、その料金も100ドルは優に越えるが、東洋人の髪質に慣れている韓国人街の店へ行くと、3割くらい安く、またサービスも行き届いている。トロント市内で唯一、日本人コミュニティと言える役割を果たしているJ-Townに、日本人スタッフのいる美容院があり、家内は訪れたこともあるが、結局は、韓国人街に行きつけの美容院を見つけた。

写真81　パブ「サンタ・レクサンドル」の玄関（2010年4月29日撮影）

写真82　パブ「サンタ・レクサンドル」の店内風景（2010年4月29日撮影）

6
カナダのパブ

　拙稿「イギリス英語の背景―イギリス人の暮らし（その4）―」のⅡ.1節「パブ」で、英国風物の代表の1つとして、パブを取り上げ、詳述したが、ここカナダは、英国の植民地としての歴史を持ち、またアメリカ英語と並行してイギリス英語の規範を維持しているので、あちこちでパブの看板を見ると英国のパブを思い起こすのは筆者1人ではないだろう。しかし、カナダのパブは、英国のパブとは異なり、いわゆる世間で言うところのバーや、飲酒の出来るレストランに過ぎないことを知った。

　ケベックに出かけた折、宿泊先のホテル（Hotel Clarendon）から徒歩15分ほどのサン・ジャン通りに「サンタ・レクサンドル」（Saint-Alexandre: 1087, rue St-Jean, Vieux-Québec）という、当地では有名な英国風のパブがある。

　ここは「The authentic ENGLISH PUB」（本物の英国風パブ）を自称している [*1] だけに、英国のパブを思い出し、迷わず店内に入り、すぐに居心地の良さそうな隅のテーブル席に陣取り、家内をそこに待たせて、カウンターに向かった。カウンター越しに、そこにいた店員に「ビールを下さい」と声をかけたら、彼は驚いて「席へ案内するので、注文はそれからにして欲しい」と返答した。明らかに彼は「変な日本人が入って来た」と思ったようであった。

勝手に好きな席に座っていた私たち夫婦は、結局、困惑顔でやって来た店員に別の席へ案内され、そこで注文をし、やがて注文した幾品かの料理とビールが席まで運ばれて来た。

　ビールの分量も英国のパブのように厳密な1パイント単位ではなかったし、ビールを追加するにしても、英国のパブのように、飲み干したジョッキにつぎ足すのではなく、新しいグラスに交換して、席まで運んで来る。自ら「The authentic ENGLISH PUB」と名乗っていることも手伝って、英国のパブと同じ物だと思い込んだのが、そもそもの間違いで、カナダのパブは、英国のパブとは全く別物だということを知った。

＊1　Webサイト「Pub Saint-Alexandre」（www.pubstalexandre.com）を参照。

写真83　Chinatownの表通り（2010年4月20日撮影）

写真84　Koreatownの街角（2010年7月31日撮影）

7
トロントには日本人街がない

　地元の日本人向け情報誌 *bits TOWN* Vol.2 にも「カナダは100以上もの系統の民族が暮らす多民族国家である」（p.41）と紹介されているように、ここトロントでは全住民の約半数を移民が占め、街には80以上のエスニック・コミュニティが存在する。

　これらの中で最大のエスニック・コミュニティはチャイナタウン（Chinatown）であるが、この他にも代表的なものにコリアタウン（Koreatown）、リトル・イタリー（Little Italy）、グリークタウン（Greektown）、ポルトガル人街（Portuguese Village）、キャベッジタウン（Cabbagetown）、ジューイッシュ・ネイバーフッド（Jewish Neighbourhood）、ポーリッシュタウン（Polishtown）、リトル・インディア（Little India）などがある。

　このように中国人を始め多くの国の人々がそれぞれ「何々人街」と呼べるコミュニティを持っている。カナダ国外に目を向けても、多くの移民が集まる国や地域には、例えば米国では、サンフランシスコの「ジャパン・タウン」やロサンジェルスの「リトル・トーキョー」のように、必ず「日本人街」がある。ところがここトロントには不思議にも「日本人街」と呼べる地区が存在しない。カナダ全体を見渡しても「日本人

写真85　当時、FIFAワールドカップサッカーでギリシャが強敵アルゼンチンを破り、街中、お祭り騒ぎのGreektown（2010年6月17日撮影）

写真87　J-Townの店舗（2010年5月7日撮影）

写真86　Little Italyのカフェ（2010年5月27日撮影）

写真88　J-Townの店舗入り口（2010年5月7日撮影）

街」と公称できるコミュニティは存在しないと思われる。

　ただ、「日本人街」がない代わりに、トロントには市内のMarkhamに日本の物を扱う店が10軒ほど、こじんまりと集まった、小規模なショッピング・センター「J-Town」（3160 Steeles Avenue East, Markham, Ontario L3R 4G9）があり、ある意味で貴重な日本人コミュニティの役割を果たしている。とは言え、たとえ経営者が日本人でも、従業員は全員が日本人ではないし、筆者の印象に過ぎないが、顧客は日本人よりも、主として付近に暮らす中国人（J-Townから南に1ブロック下った所にも大きな中国人居住区がある）や韓国人など、日本人以外の外国人が多い。

　同様に、日本人経営の日本の物を扱う数少ない個人商店も、日本人というより、付近の地元住民を主な顧客にしているが、とにかくも日本人が立ち寄って、日本語で話をし、情報交換ができる、一種の日本人コミュニティの役割を果たしている。

　このような数少ない貴重な店の1つに、地元トロントで長く続いている「サンコー」がある。

　『暮らし方』には「サンコー」の他に「Little Tokyo」（199 Augusta Ave.）が紹介されていて（同書、p.67）、トロントの地元住民にも好評な食料品店であったようだが、『暮らし方』の情報はすでに古く、「Little

Tokyo」は、数年も前に閉店し、姿を消していた。

2010年5月27日（木曜）のことだったが、ケンジントン・マーケット（Kensington Market）方面へ出かけたついでに、この一角にあるとの『暮らし方』の情報を頼りに、初めて「Little Tokyo」を探しに行った。なんとか199 Augusta Ave. の建物は見つけたものの、すでに「Little Tokyo」は跡形もなくなっていた。

その後、偶然にもインターネット上で「Little Tokyo」が2008年に閉店したとの記事①を見つけた。なお、この記事中に現れた語「deadpool」は、身近な日常語でありながら、一切どの辞書にも記載がないので、節を改めてこの語を取り上げることにする。

① Little Tokyo Enters the Deadpool

The revitalization of the stretch of Augusta south of Baldwin won't include Little Tokyo. I noticed the For Rent sign this week as I passed by the now vacated Japanese grocery store and culture shop in Kensington Market.

Little Tokyo was always a bit of a mystery to me. I liked that they used to offer me free green tea as I cruised around the store, but I always found their selection and prices much inferior to Sanko on Queen Street.

There was no note or indication of what will become of Little Tokyo, and whether we might expect it to resurface elsewhere. It's too bad. While the store definitely had its shortcomings, I do

写真89 「サンコー」の店舗外観（2010年4月15日撮影）

写真90 筆者がいただいた「サンコー」の名刺
（2010年4月15日撮影）

写真91 「Little Tokyo」は2008年に閉店した（Webサイト blogTO より）

写真92 Kensington Market の風景（2010年9月17日撮影）

第5章　カナダの暮らしから

long for the sort of Japanese food, cultural and manga destination in Toronto like Cafe Zaiya/Kinokuniya across from Bryant Park in Manhattan. — Posted by Tim / JULY 14, 2008

(Webサイト「blogTO」：http://www.blogto.com/deadpool/2008/07/little_tokyo_enters_the_deadpool/）

また、ダウンタウンの1等地にある「国際交流基金トロント日本文化交流センター」（The Japan Foundation Toronto: 131 Bloor St West, Suite 213,Toronto, Ontario M5S 1R1）も、日本人のための各種行事を開催したり、日本語の図書、雑誌を集めた図書

写真93 「日本文化交流センター」はBloor通りの一等地にある（2010年7月7日撮影）

写真94 「日本文化交流センター」の図書館館内（2010年4月13日撮影）

館を設け、日本人の利用に供しているし、様々な相談にも応じてくれるので、利用する日本人も多く、ある意味で日本人コミュニティの役割を果たしていると言える。

この他、地元に暮らす日本人向けに、趣味や習い事の講習、さらには文化的公演などを手広く行っている「日系文化会館」（Japanese Canadian Cultural Centre: 6 Garamond Court, Toronto, Ontario M3C 1Z5）も同様の役割を果たす貴重な存在である。

以上、これまで、トロントで「日本人街」の代わりをしている店舗や組織などを取り上げて来たが、それでは、コスモポリタン・シティ・トロントとかモザイク都市トロントと呼ばれ、全住民の約半数が移民であるトロントに、なぜ「日本人街」だけが存在しないのだろうか。

様々な機会に多くの識者、中でもカナダで長く暮らしているヨーク大学の日本人の先生にその理由を尋ねてみた。結局、これだという明確な答えは見つからなかったが、いくつかの意見には筆者自身も納得できることが多かった。

まず「日本人移民を1カ所に集めない」というカナダ政府の方針があったのではないかという意見が出た。四方山話であったので徹底的な議論とはほど遠いが、この意見は充分に「日本人街が存在しない理由」を言い当てていると思われた。

先に触れた「サンコー」の社長・ウィリアム水野氏との、これまた四方山話の中で水野氏自身の出自や生い立ちにも話が及び、彼が岐阜県出身で、セメダインの会社に4年間勤めていたが、その後、カナダの炭坑で働けば永住権が貰えるという話で、

人生の冒険をしてカナダに渡って来たこと、その結果として現在、トロントで長く商店を経営しているが、ここに至るまでには他の土地で苦労したことなど、様々な話を伺ったが、カナダ政府による移民の強制移住などの圧力が働いたというのはあり得ることだと思われたし、「日本人を1カ所に集めない」という方針があったのではないかとの意見には強く共感できる。

　また「移民や永住に賭ける動機」も、根本的に日本人とは違うという意見もあり、これも一理あると思われた。ヨーク大学で様々な国からの留学生と接していると、ある国では貧しくて食べる物にも困る、またある国では戦火により、今を生きることすら覚束ないといったように、生死を賭ける思いで故国を離れてきた学生と、今の日本のように、平和で生活にゆとりのある国からやって来た学生とは根本的に異なり、大学での勉強だけでなく、故国を離れて当地での生活に人生を賭ける意気込みやその必要性は、現在の日本人のそれとは雲泥の差で、当地での生活に全てを賭けて来た人々が、お互いに堅く結び付き合い、コミュニティを作る。一方で日本人はそのような結束力を持たないし、そういう動機がない。このような意見にも充分に納得させられた。

　本稿では単に、トロントに（さらには、カナダに）「日本人街が存在しない」という事実を述べたかったので、なぜ存在しないのかという理由については、ここではいくつかの考え得る可能な理由を挙げるに止め、筆者の専門（英語学、英文法）外の問題でもあり、これ以上、深く立ち入らないことにしたい。しかし、筆者には、明治維新後の日本のハワイ移民や明治後半の南米移民などにも思いを馳せる良い機会となった。

　その後、カナダの日本人移民を取り上げた新保（1986）や、第二次世界大戦中のカナダにおけるカナダ人と日本人の関係を論じた飯野、他（1994）などに接する機会を持って、これまでのカナダにおける日本人の歴史は、決して順風満帆ではなく、不遇の時代、暗闇の時代、被差別の時代を経て現在に至っていることを改めて実感し、なぜ今、トロントに、さらにまたカナダに、いわゆる「日本人街」と公称できる地域が存在しないのかという疑問に対して、すでに述べた私見を一層、確信したので、それらをここに付記したい。

　ごく要点だけを述べておくが、日本からの「カナダ移民第1号は1877年の長崎県出身・永野万蔵の非合法入国だとされ」（新保［1986］, p.29）、バンクーバーに「1880年代末には200名ほど」住んでいた（同書、p.32）。このような日本人がバンクーバーのパウエル街に集まり「日本街」[*1]と呼べるコミュニティーを作ったが、「1907年に排日の機運が高まり、9月7日にはヴァンクーヴァーに暴動が起こって、日本街と中国人街を荒らした」（同書、p.57）が、この頃には「1907,8年ころのヴァンクーヴァー同胞の職業分布は以下の通りである。（中略）一部下宿と一部雑貨屋をのぞいて、日系人のみを相手に商売していた。日本街では日本語だけで用が足り、日系人がおたがいにサーヴィスを提供しあっていたのである」（同書、pp.57-58）とあるように、戦前のカナダ、厳密にはバンクーバーのパウエル街を中心に、人種差別や偏見を

第5章　カナダの暮らしから

受けながらも、日本人街を築いていたと言えるが、1920年代の厳しい移民規制で移民が増えず、さらに第2次世界大戦で敵国となった日本の移民者は1941年12月7日の真珠湾攻撃に始まる開戦後間もなく、「内陸部へ日系人立ち退きの決定」（飯野、他、pp.93-126）という形で強制移動させられたので、終戦の頃にはバンクーバーには1人も日系人がいなかったらしい。戦後に日本人移住者がカナダに来たのは1965年にカナダの移民法が改正されてからのことだと言う。

　このような史実に触れれば触れるほど、日本人が自分達の街を易々と築けるような状況ではなかったことを一層、痛感する。

＊1　新保（1986）には「日本人街」ではなく「日本街」とある。

8
カナダの郵便事情

8.1　郵便局と切手

　カナダの郵便はCanada Postが行っているが、郵便局の店舗だけでなく、薬局、コンビニ、ショッピングモールなどでもCanada Postのサービスが受けられる点が日本と異なっている。ちょうど日本で各社の宅配便がコンビニや食料品店、雑貨屋などで窓口を開いている感じだと言える。

　また日本の郵便と大きく異なっているのは、国内便用の通常切手（定型の30グラム未満の手紙用）には額面が印刷されていない。＊1

　カナダでは毎年のように郵便料金が改訂されるので、これに柔軟に対応できるよう

にとのことらしいが、このため、もし郵便料金が改訂されても、当分の間は旧料金で買った切手がそのまま使えるということにもなる。

＊1　Canada PostのWebサイトにはこの額面の印刷がない通常切手の写真が掲載されている。
http://www.canadapost.ca/cpo/mc/personal/productsservices/send/postagestamps.jsf

8.2　グリーン・ゲイブルズ郵便局

　また、カナダの特徴ある郵便局として1つ挙げるとすれば、やはりプリンス・エドワード島（PEI）のキャベンディッシュにある『赤毛のアン』ゆかりのグリーン・ゲイブルズ郵便局を挙げなければならない。

写真95　Green Gables郵便局の正面からの外観（2010年6月7日撮影）

写真96　左はGreen Gables郵便局の消印。右は額面が印刷されていないカナダ国内便用の通常切手　（帰国後の2010年9月25日撮影）

言うまでもなく、『赤毛のアン』の作者、モンゴメリーが原稿の執筆も進めながら、当時、祖父が営むこの郵便局で、祖父の死後、祖母に代わって郵便業務を務めていた郵便局である。今も、5月下旬から10月上旬の期間限定ながら通常の郵便業務を行っている。当時の郵便局を再建したものであるが、この郵便局から手紙を出せば、赤毛のアンのシルエットをデザインした消印が押されるので、『赤毛のアン』やモンゴメリーのファンには大人気の郵便局である。

写真97　オンタリオ州の運転免許証（家内の免許証）
(2010年4月24日撮影)

9
自動車や運転に関連する覚え書き

カナダで暮らしている時には日本との違いにたいへん驚いたことや意外に思ったことでも、時の流れと共に、いずれは忘却の彼方に消えてしまうので、今まだ記憶の新しいうちに、自動車やその運転に関連したことで、印象深かったことや日本との違いに驚いたことを、思いつくまま書き残しておきたい。

9.1　免許証

外国で自動車を運転するのに、日本の運転免許証を持っているなら、日本を出発する前に国外運転免許証（住民登録先の都道府県の運転免許試験場や指定の警察署で申請すれば1年間有効の国外運転免許証が取得できる）を取得しておけば、外国に到着してすぐに車を運転できることは、今更、言うまでもない。

ところがカナダでは州によって異なるが[*1]、オンタリオ州の場合、「60日間以上滞在する場合には現地免許の取得が義務づけられて」（『暮らし方』p.106）いる。

カナダの運転免許証取得は3段階に分かれて進む取得システムを取っており、受験資格は16歳以上と定められている。第1段階は「G1免許」で、受験料は10ドルで、筆記試験と視力検査がある。第2段階は「G2免許」で、路上の実技試験があり、この路上実技試験料は40ドルである。ちなみに実技で運転する車両は受験者が持参するが、これは米国でも同じである[*2]。

また路上実技試験を受けるために、日本では自動車学校の教官が同乗して路上で運転実技の練習をするが、カナダではG免許を取得して4年以上の運転経験のある者が同乗していれば一般の路上で運転練習ができる。この点も米国と同じである[*3]。

ただし、日本の免許証を持っていればカナダの運転免許証の取得は難しくはなく、日本大使館または総領事館発行の「自動車運転免許証抜粋証明」（発行費用25ドル）と日本の運転免許証とパスポートと免許証費用（75ドル）を持参して、各地の運転試験場（Driver Examination Centre）で申請すれば発行してもらえる。家内の場合、在トロント総領事館（Suite 3300, Royal Trust Tower, 77 King St.）で「自動車運転免許証抜粋証明」を発行してもらい、Bay St. と College

St. の交差点にある交通局の Drivers & Vehicles License Issuing Office（777 Bay St., Market Level, Suite M212, Toronto）で申請した。

＊1　例えば、ブリティッシュ・コロンビア州では滞在が6カ月以上の場合と規定されている。

＊2　1983年8月から1984年8月にかけて、カリフォルニア大学バークレー校の客員研究員として、家内と長女を伴い、カリフォルニア州バークレーで暮らした時に、日本の運転免許証も持っていなかったので、家内がカリフォルニア州の自動車運転免許証を取得することになった。この時、路上の実技試験のためにレンタカーを持参したが、日頃、練習に借りていた小型車（コンパクト・カー）があいにくレンタル中で空いていなかったので、やむなく9人乗りの大型車「ステーション・ワゴン」（日本で言うライトバン）を借り、路上の実技試験に臨み、慣れない大型車の運転に家内が苦労したことを、今、懐かしく思い出す。

＊3　米国滞在中、家内が運転免許を取得する際、自動車学校のインストラクターに路上実技を教わったが、ペーパーテストや視力検査などをクリアした後であれば、免許を持っている人に同乗してもらって路上で運転練習ができた。

9.2　高速道路の特別車線

　トントロ郊外の Queen Elizabeth Way という名の高速道路を経由して、ナイアガラ方面にドライブした折、行きはよかったが、帰りが夕方のラッシュアワー時に重なり、片側3車線の広い道路も、かなり渋滞した。この時、徐行している周りの車を尻目に、中央レーン（中央分離帯に1番近い車線）を、すいすい走っていく車を見かけたが、この車線は白い斜線で区別されていて、2人以上が乗車している場合に限って走れる車線であると教えられた。1人でも多くの人の利用という効率の面で、日本も見習うべきルールではないかと考えさせられた。

　また日本とは違って高速道路は無料である所が多く、日本と比べてはるかに車を走らせやすいが、このような特別車線を設けているような新しい高速道路では料金の支払いも完全自動化されて、料金支払い所であるとか、ETC などとは根本的に違い、高速道路の走行中に車のナンバーを自動的に読み取り、後日、高速道路料金が請求されるというのも、たいへん進んだシステムとして魅力を感じた。

9.3　自動車のナンバー・プレート

　これも、ふと気づいたことであるが、日本では車体の前と後ろの2カ所にナンバー・プレートを付けているが、カナダでは州や地方によっては車体の後ろにしかナンバー・プレートを付けていない。

写真98　車体の前にはナンバープレートが無い。プリンス・エドワード島のロシニョール・ワイナリー前で借りていたレンタカーを写す（2010年6月8日撮影）

　日頃暮らしたトロントでは日本と同様、車体の前後にナンバープレートを付けているので、全く気に留めなかったが、たまたまプリンス・エドワード島（PEI: Prince Edward Island）に出かけた折に借りたレンタカーが、車体の後部にしかナンバープレートを付けていないことに、ふと気づいて、興味を持ち、以後、出かけた先々で車

のナンバープレートに注意していたら、首都オタワでは日本と同じだったが、モントリオールやケベック・シティではPEIと同じく、車体の後部にしかナンバープレートを付けていなかった。

　何気ないことではあるが「所変われば品変わる」を実感した。

9.4 「Je me souviens」―ケベック州の車のナンバープレートの刻印―

　ケベック州に出かけた折、ふと車のナンバープレートを見ていて、「Je me souviens」（私は忘れない）という言葉が、どの車にも刻印されていることに気づいた。

　『わがまま歩き（7）カナダ』（2007年、実業之日本社）など一部のカナダ旅行のガイドブックにも、この刻印についてふれており、「現在ケベック州の車のナンバープレートには、Je me souviens（ジュ・ム・スヴィアン＝私は忘れない）という言葉が書かれているが、これは1759年イギリスとの戦いの時に、フランス本国に見捨てられたことを指している」（同書、p.256）と紹介されているが、このモットーの真意は「ヌーベル・フランス植民地の時代を忘れない」という意味であるとか諸説紛紛の状態で、全く定かではない。ただ、地元の人（ケベコア（Quebecois）：地元の人が自称する「ケベック人」）に尋ねる限り、「我々は、自分たちの源を忘れない」という意味として理解されているようである。

　ケベック州の公式Webサイト（「Province Quebec」http://provincequebec.com/info_quebec/motto-license-plate/）によれば、そもそも1883年にケベック州議事堂の建築の折、これに関わった建築家ウジェーヌ・エティエンヌ・タシェ（Eugene Etienne Tache）が議事堂正面玄関の紋章の下にこの言葉を刻ませたことに端を発し、ケベック州の公式モットーになった経緯がある。

　それまで車のナンバープレートにはケベックに観光客を呼ぶ目的で「La Belle Province」（美しい州）と刻印されていたが、1978年からこの言葉を州のモットーに換えたために、いっそう「Je ne souvience」の言葉の意味が議論されるようになり、諸説が入り乱れた現状となっている。

　そもそもこのモットーを刻ませたタシェ自身が故人である今、このモットーの真意を知る術はないが、このような車のナンバープレートの刻印にも、紆余曲折のケベックの歴史、ひいてはカナダの長い歴史が映し出されていることに気づかされて深い感銘を覚える。

　なお、このケベック州のモットー「Je me souviens」の由来については、ケベック州の公式Webサイト「Province Quebec」に詳しいが、この他にも写真101のように、現在、ケベック州議事堂の正面に建てられた台座の碑文に詳しい解説がフランス語で刻まれている。

写真99　ケベックの車のナンバープレートに刻印されたモットー「Je me souviens」（ケベック・シティの展望台近くで）(2010年5月1日撮影)

第5章　カナダの暮らしから

写真100　ケベック州議事堂前に碑文の台座がある（2010年5月1日撮影）

写真102　オタワの国会議事堂（2010年6月19日撮影）

写真101　ケベック州のモットー「Je me souviens」をフランス語で解説する碑文（2010年5月1日撮影）

写真103　国会議事堂内の議場（2010年6月20日撮影）

10
政治形態の日加の相違
（カナダ総督）

　改めて言うまでもなく、第2次大戦以前には、1889年に制定された「大日本帝国憲法」、いわゆる「明治憲法」の下に、天皇が元首であり、国政の全てを一手に掌握したが、戦後は、1946年に制定された現「日本国憲法」によって天皇は「日本国の象徴」（第1条）とされ、国家的儀礼に関わる行為を行うのみで、国政に関する権能を持たず、専ら政治は議院内閣制を採って現在に至っている。

　一方で、カナダは立憲君主制を採り、総選挙で選ばれる連邦政府の首相が実質的な統率者で、議院内閣制により上院と下院から成る連邦政府とそれぞれの州政府で実際の政治が行われているが、カナダの国家元首は英国女王エリザベス2世であり、その代理として「カナダ総督」（Governor General）が任命され、エリザベス女王2世の代理を果たしている。

　首都オタワには、Wellington St. に面して国会議事堂（Parliament）があり、この国会議事堂から北の方に直線距離にして1.5キロほどの Sussex Dr. にカナダ総督の公邸「リドー・ホール」（Rideau Hall）がある。総督が、1867年のカナダ建国以来、ここに暮らしている。

　現在（2015年2月時点）、カナダ総督は第

写真104　リドー・ホール玄関の表札（2010年6月22日撮影）

写真106　ミカエル・ジャン総督が小学生の記念撮影に飛び入り参加（2010年6月22日撮影）

写真105　リドー・ホールの噴水前（2010年6月22日撮影）

写真107　同上（2010年6月22日撮影）

28代となり、デイヴィッド・ロイド・ジョンストン氏（David Lloyd Johnston）が務めているが、筆者がトロントのヨーク大学に研究員として滞在していた頃は黒人としては初めてで、女性としては3人目のミカエル・ジャン氏（Michaëlle Jean）が第27代総督（任期2005年9月27日～2010年10月1日）を務めていた。

　余談になるが、ヨーク大学留学中の6月19日から22日までオタワに出かける機会があり、その帰りの日にリドー・ホールを見学に行き、幸運にも偶然、閲兵式から戻って来たばかりのミカエル・ジャン総督に出会った。

　たまたま小学生の団体が遠足に来ていて、公邸の噴水前で記念写真を撮っていたところ、総督が気さくにも飛び入りで記念写真に加わった姿を目にし、慌てて上掲の106、107のような写真を撮った。ほんのわずかな時間だったが、この後、総督は傍らの筆者と家内にも手を上げて挨拶をし、公邸に戻って行った。筆者には思い出の写真である。

11
カナダの国民性点描

　カナダ人の典型的な国民性を表していると思われることの1つに、「自分たちはカナダ人であり、隣国のアメリカ人とは違う」という意識があるようだ。例えば『暮らし方』には、年輩のカナダ人が旅行する際

写真108　カナダ・デーで賑わう North York の会場（2010年7月1日撮影）

写真110　配られたカナダ国旗の小旗（2010年7月1日撮影）

写真109　いただいたカナダ国旗の飾り付き麦藁帽（2010年7月1日撮影）

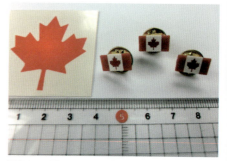

写真111　配られたカナダ国旗のシールとピンバッジ（帰国後に撮影）

に、カナダ国旗のピンバッジを付けて、旅の先々で自分がカナダ人であることを誇らしげにアピールする（コラム「アメリカ人ではない」同書、p.218）と紹介している。

確かに、自分たちカナダ人をアメリカ人と同じに見てほしくないという意識は、ちょうど私たち日本人が海外に出て中国人や韓国人と間違われて「いいえ、私は日本人です」と言いたくなる気持ちと似ている。

このようなことを思うに至ったのは、様々な祝祭日の行事やイベントに参加すると、必ずカナダ国旗のマークが入った小物や、カナダ国旗のピンバッジとか手や腕に貼るシールを参加者に無料で配っているからである。写真110〜111は、筆者自身がカナダ・デーやプライド・パレードなどの会場で貰った国旗の小旗、ピンバッジ、シールである。さらに、カナダ国旗の飾りが付いた麦藁帽を貰ったこともあった。

日本では、一般のイベントや催し物の会場で国旗を配るなど、あまり聞いたことがない。

12
VIA鉄道の車内照明から見えて来るカナダ人の暮らしぶり

カナダの国土は広く、長距離の移動は空路が最善であるが、あえて鉄道を利用する

人も多い。時に旅行距離によっては、何日も車内で過ごすことになる。このような長距離鉄道では、辺りが薄暗くなる時刻に車内の照明を一斉に落とす。このような時、日本の鉄道との違いを感じる。

　たとえば航空機を利用する時、人が寝る夜間に照明を消すことは、当然の配慮であり、少しも違和感はないが、カナダのVIA鉄道の車内では、まだ寝る時間でもないのに、周りが薄暗くなると、一斉に車内の照明を落として暗くすることに、日本との大きな違いを感じた。

　もちろん車内は飛行機の機内のように、それぞれの座席に専用の読書灯が付いていて、周りが暗くても本を読んだり、ちょっとした作業くらいは出来るので、特に不便は感じないが、まだ寝る時間でもないのに、目的地に到着するまで、一斉に照明を落とすことが不思議でならなかった。トイレに行くにも薄暗がりの中、足下を照らすフットライトの灯りを頼りに通路を移動しなければならない。

　しかし、以前に暮らした米国でも英国でも、またこのカナダでも、一般に自宅のリビング・ルームは、日本のように天井にシャンデリアやライトを付けず、たいてい部屋の片隅にスタンド・ライトを置いて、部屋全体を薄明るくしてくつろぐ家庭が多かったことを思い出した。拙稿「イギリス英語の背景―イギリス人の暮らし―」(2009) を参照のこと。もちろんダイニングやキッチンの天井にはライトを付けて、とても明るくしている。

　このようなことを思い出し、VIA鉄道

写真112　VIA鉄道でケベックのパレ駅に到着（2010年4月29日撮影）

写真113　座席の足下にフットライトがある（2010年8月10日撮影）

写真114　天井にライトがなく、スタンド・ライトのみのリビング（2010年3月31日撮影）

写真115　2階の寝室。リビングルーム以外はどの部屋にも天井にライトがあって室内が明るい（2010年4月4日撮影）

第5章　カナダの暮らしから

の車内で、まだ人が寝る時間でないのに、目的の駅に到着する直前まで、車内の照明を落とすことに、日頃、居間でくつろぐ時の日本との相違を改めて感じた。

13
カナダの鉄道とイギリスの鉄道の違い

　本章第5節「カナダの理容店・美容院事情」の冒頭で、カナダ英語はイギリス英語を1つの規範として堅持しているので、言語を見るだけでなく、暮らしぶりの中にも、どれほどイギリスの様式を保持しているかを見ることは興味深いと述べたが、明らかにイギリスの生活様式と異なる暮らしぶりの具体例として鉄道関係の違いを見てみよう。

　カナダでは、プラットホームに入る前に駅員が改札をする。改札が終わった乗客から順次、ホームに進み、乗車する。乗車後、発車のベルも鳴らず、いつのまにか発車している。汽車が動き出してから車内アナウンスが始まる。ちなみに第4章第3部4「Canajan（カナダ英語）の発音に関する覚え書き」でも触れたが、トロント方面からフランス語圏のモントリオール、ケベック・シティ方面に向かう場合には、最初に英語でアナウンスがあり、その後、同じ内容がフランス語で繰り返される。モントリオールから先へ行くとフランス語圏なのでフランス語が先になり、英語が後になる。切符は車内で車掌が回収する。

　イギリスでは、もちろん乗車前に切符の確認をするが、乗車してから車掌は乗客の切符を見に来るだけで回収はしない。切符は乗客の手元に残るし、駅に到着すると、切符を持ったまま駅を出ることになる。

写真116　トロントのダウンタウン路上（イートンセンター前）での大道芸（2010年9月18日撮影）

第6章 カナダの祭りと遊園地

カナダデーの移動遊園地（2010年7月1日）

1 はじめに

　大勢の人々が集い、楽しむ遊園地は、どの街にもあるが、単なる遊びの場ではなく、マクロの目で見れば、その街や地域の活性化を促進し、ひいては経済効果さえももたらす、たいへん意義のある施設だと言える。したがって、それぞれの「遊園地」を様々な角度から眺めると、単に遊戯場の比較に留まらず、その街や地域の文化的、経済的、諸々の特徴を浮き彫りにすることにもなる。

　そのような観点から、筆者が実際に経験したカナダ・トロント周辺の主な祭りや遊園地を取り上げることにする。

2 カナダの祭り

2.1　年間の祭り

　手元のトロント地元住民のための生活情報誌 *bits TOWN* Vol. 4 (pp. 56-59) を主な情報源として、トロント市内と近郊の祭りやイベントの中でも、全国的に有名なもの、さらには海外にも知れ渡っているものを、月毎にいくつか拾い上げてみよう。

- 4月：Beaches Easter Parade（「イースター」〈復活祭〉を祝ってビーチ地区で行われるパレード）、TIFF Kids International Film Festival（子供のために2週間に渡って世界各国の映画を上映する）Toronto Art Expo（世界各国のアーティストやギャラリーが集まり、作品を展示、販売する）
- 5月：Salute / Toronto Wine + Food Festival（世界中から選りすぐりのワインと名シェフの料理が味わえ、ワインのテイスティングやセミナーが開催される）、CONTACT / Photography Festival（市内200箇所以上の開場で開催される世界最大の写真展）、Toronto International Circus Festival（入場料無料でサーカスが楽しめる）
- 6月：Pride Week（セクシャル・マイノリティの自由と人権を訴える世界的規模のフェスティバル。中でもこの祭りの一環として行われるプライド・パレードは北米最大級の規模のパレードである）、Toronto International Dragon Boat Race Festival（約200チーム参加のカナダ最大級のドラゴンボート・レース）
- 7月：Caribbean Carnival Toronto（北米最大のサンバ・カーニバルだが、パレードだけではなく、3週間のカーニバル開催期間中、各会場で様々なイベントやライブショーが開催される）
- 8月：Taste of the Danforth（Danforth通り一帯はグリーク・タウン［ギリシャ人街］であり、「食」をテーマとした祭典で、50店舗以上の屋台や飲食店が参加して、各種ギリシャ料理が堪能できるだけでなく、伝統的ダンス・ショーやコンサートで町全体が盛り上がる）、Canadian National Exhibition（130年以上の歴史を持つ移動遊園地で「The EX」と呼ばれて、夏の終わりを彩るイベントとして親しまれている。広々とした会場に様々なパビリオンやバザー会場が開設されるほか、隣接するテーマ・パークの『オンタリオ・プレイス』への入場料も含まれている。ただし、本章4「カナダの遊園地（その2)」で述べたように、オンタリオ・プレイスは2012年2月1日付けをもって付近の地域再開発のために閉園となり、現在は2017年のカナダ独立150周年の年に新たにお目見えする予定である）

- 9月：Toronto International Film Festival（世界中から出品された300本以上の映画が、10日間に渡って上映され、監督や俳優など映画界から500名以上のゲストが招かれる、北米最大の映画祭。世界3大映画祭であるベルリン、カンヌ、ベネチア国際映画祭と比べても、来場者数ではベルリンを押さえ、ベルリン、カンヌに次ぐ規模を誇っている）、Niagara Wine Festival（ナイアガラ・ワインのテイスティングや、ナイアガラ・ワインにぴったりの料理が楽しめる）。なお、この時期には、アイルランド系移民が暮らすキャッベジ・タウンでは『Cabbagetown Festival』、ウクライナ系移民が暮らすウクレイニアン・ブロア・ウエスト・ビレッジでは『Toronto Ukurainian Festival』が開催され、それぞれの音楽や料理など伝統文化に触れられる。

- 10月：International Festival of Authors（カナダ国内外から人気作家が集まり自らの作品を朗読をしたり、公開インタビューやサイン会が行われるハーバーフロント地区の恒例行事）、Art Toronto（旧「トロント国際アート・フェア」が新しく名付けられた。最先端のアーティストの作品が堪能できる。ちなみに筆者が暮らしたヨーク大学のキャンパスには、あちこちに現代アートのモニュメントが建てられているだけでなく、現代アートの作品と呼べる斬新な校舎や建物が多くあり、トロントにおける現代アートの関心の高さを暗に示している）

- 11月：The Royal Agricultural Winter Fair（世界でも1、2を争う規模の農業祭。豚、牛、馬、羊などの家畜との触れ合いコーナーや、牛乳やチーズの製造行程が見られたり、ドッグ・ショーやThe Royal Horse Showと呼ばれる馬術の模範演技など、イベントは盛りだくさんである）、The Santa Clause Parade（100年以上の歴史を誇る世界最大規模のサンタクロース・パレード。25台以上のクリスマスの飾り付けであふれた山車〈float〉、100組以上の道化役〈clown〉、20以上のマーチング・バンド、1500人以上の参加者によって盛り上がり、クリスマスが間近に迫っていることを実感するお祭り）、Cavalcade of Lights（トロント市庁舎前の広場で行われる公式のクリスマス・ツリー点灯式）

- 12月：Citytv's New Year's Eve Bash（テレビ局Citytvが生中継する年越しのお祭り。トロント市庁舎前の広場で、毎年、大晦日に開催される。多数のアーティストによるコンサート、新年を迎えるカウント・ダウン、花火で行く年、来る年を祝い盛り上がる）

- 1月：Toronto International Boat Show（ハーバーフロントのExhibition Place〔博覧会場〕内にある世界最大の室内レイクで開かれるボート・ショー。様々なボートやアクティビティで楽しめる）、Niagara Icewine Festival（カナダの誇るアイス・ワインのテイスティングが楽しめる）

- 2月：Canadian International Auto Show（カナダ最大の自動車ショー。クラシック・カーから新型車まで様々な展示が楽しめる）、CanAsian International Dance Festival（伝統的な踊りと新しい踊りが交錯する創造の祭り）

- 3月：CRFA Show（カナダ最大の食品イベント。試食を楽しみ、料理教室も開かれる）、St. Patrick's Day Parade（アイルランドの守護聖人St. Patrickを記念するアイルランド最大の祝日「セント・パトリックス・デイ」〔3月17日〕を祝う祭り。そもそも米国ボストンに移住したアイルランド系移民の風習が全米に広まったが、ここトロントでも祝われる。パレードにはトロント市内の30以上の団体から約2000人が参加。参加者はそれぞれにアイルランドのシンボル・カラー

である緑色の衣装に、アイルランドの国章シャムロック［クローバーの類似種］の飾りを付けて、パレードする）

毎年、トロントで開かれる祭りやイベントを、主なものの中でも筆者の目に留まったものだけ書き上げてみたが、全国規模の、あるいは世界的規模の祭りやイベントが1年を通じて毎月、複数あるというのは、以前、英国ノッティンガムで暮らした時に感じた「古くからの伝統をしっかり守り、老いも若きも心から祭りを楽しむ」という国民性に感心したことを、ここトロントに、さらにカナダ全体にも強く感じる。

2.2　プライドパレード

上述の1年間の祭りで取り上げた Pride Week で概要を述べたが、毎年6月の最終週に、約10日間に渡って行われるセクシャル・マイノリティの認知と理解を訴える盛大な祭典「プライド・ウィーク」の一環として、その最終日に行われるパレードである。

筆者がヨーク大学の研究員としてトロントで暮らした2010年は、プライド・ウィークの30周年記念の年で、すでに2004年度、2005年度、2009年度のカナダのベスト・フェスティバルに選ばれ、前年の2009年にはおよそ120万人が参加したが、この年一層、盛大な祭りとなった。

例年、6月最終週に開催されるが、この2010年はトロントでG20サミットが開催されたために日程がずれて、6月25日（金曜）から7月4日（日曜）の開催となった。

この7月4日（日曜）のパレードを見物しに、筆者は、家内を伴い、ヨーク大学内のアパートを出て、TTC地下鉄でBloor-Yonge駅へ向かい、駅を出てすぐのBloor St. 沿いのパレード・コースの一角に1時間前から陣取って、14時開始のパレードを待った。

パレードは、Church St. と Bloor St. E. の交差点から出発して、Yonge St. を Gerrard St. まで行進し、Gerrard St.E. と Church St. の交差点をゴールとして終了する。

日本では未だセクシャル・マイノリティの理解や取り組みがこれからという現状の中、筆者の勤務する関西学院大学は早くから取り組んできた数少ない大学の1つであるが、筆者自身はトロントのプライドパレードに参加して初めて、街を上げてのこれほども大規模な活動に接し、驚くとともに、何より明るく、開放的で、しかも爆発

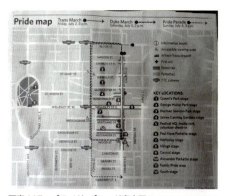

写真117　プライド・パレード案内図（2010年7月4日撮影）

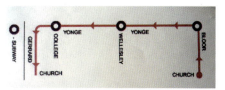

写真118　プライド・パレードのルート（2010年7月4日撮影）

第6章　カナダの祭りと遊園地

的なエネルギーを発散しているお祭りに、日本よりも遥かに進んだ理解や取り組みを実感した。

　暗いイメージなど微塵もなく、レインボー・カラーに象徴される通り、派手で明るく開放的なパレードには、日頃の活力を貰ったような気分だった。

　ユーモラスなゲイのパレードに周囲の観衆が爆笑したり、さらには日本では許されない全裸のグループの行進も、この祭りの雰囲気の中では全く違和感などなく、ごく自然に見えた。

　パレードを通じて、日本ではまだまだこれからの課題であるセクシャル・マイノリティの問題も、トロントでは皆が偏見なく、明るく開放的なお祭りとして市民が揃って祝い楽しむ姿に感銘を受けた。

写真121　愛嬌を振りまくゲイが笑いを呼ぶ（2010年7月1日撮影）

写真119　プライド・パレードの大観衆（2010年7月1日撮影）

写真122　警察官の衣装でコミカルに踊る（2010年7月1日撮影）

写真123　今日ばかりは許された全裸のグループ（2010年7月1日撮影）

写真120　巨大なトラックが祭りのfloat（山車：だし）に（2010年7月1日撮影）

写真124　美女（？）の行進（2010年7月1日撮影）

3
カナダの遊園地（その1）
カナダズ・ワンダーランド

　最初に、カナダ最大の遊園地「カナダズ・ワンダーランド」（Canada's Wonderland: 9580 Jane St. Vaughan）（以下、「ワンダーランド」と略す）を取り上げる。

　ワンダーランドは創立以来、経営者が2度替わり、まず1994年にParamount Parks社に替わったので、2006年まで遊園地の正式名が「Paramount Canada's Wonderland」と称されたが、2006年に再び経営者がCedar Fair社に替わり、それ以来、正式名称も「Canada's Wonderland」となって現在に至っている（Wikipedia英語版の「Canada's Wonderland」の項目を参照）。

　日本で出版されているカナダ旅行のガイドブックは枚挙に暇がないが、地元の人たちの人気という点でも、規模の点でも、日本におけるディズニーランドに匹敵する遊園地でありながら、このワンダーランドを紹介しているガイドブックは『地球の歩き方―カナダ東部―』や『ワールドガイド：カナダ』など、ごく限られており、また内容も7～8行の僅かな紹介でしかない。したがって、日本からトロントに観光に来てもワンダーランドを訪れる人はほとんどいないと思われる。

　このワンダーランドは1981年5月23日にトロント市の郊外、Vaughanに作られた。
　とにかく広大な敷地に膨大な数の乗り物やアトラクションが8つのゾーンに分けて配置され、さらに夏季にはSplash WorksというゾーンにSplash Island Poolというカナダ最大で人工の波があるプールも開かれる。

　130ヘクタールにも及ぶ広大な広さは、数字では実感しにくいが、例えば千葉県浦安市にある東京ディズニーランド（51万平方メートル＝51ヘクタール）の2.5倍以上あり、大阪市此花区桜島にあるユニバーサル・スタジオ・ジャパン（USJ：39ヘクタール）の3.3倍以上もある。

写真125　ワンダーランドの園内図（*Canada's Wonderland Park Guide* 2010 より）

写真126　チケット売り場で当日券を求める人々（2010年8月28日撮影）

写真127　園内の中世ゾーンへの入り口（2010年8月28日撮影）

第6章　カナダの祭りと遊園地

日本の遊園地とは大きく異なり、開園期間が短く、およそ半年以上、閉園し、毎日、営業しているのは夏期のみで、冬期は完全に閉園し、春・秋期も土・日曜しか開いていない。いくら冬が寒いとは言え、日本の遊園地と比べると、春・秋期にもっと開園日を増やすべきではないかと思われる。これだけの規模の遊園地だから集客力があり、地元の人たちだけでなく、広く海外からの客も呼べるし、経済効果も上がるに違いない。

　入園料もずいぶん安く、筆者と家内は60歳以上のシニア料金だったが、1人、税別31ドル99セントで入園した。この料金には全ての乗り物、アトラクションにフリーパスとなっていた。ちなみに年間のフリーパスでさえ60ドルほどで、日本のUSJなどの1日の入場料に相当する料金で1年間フリーパスとなる。このような低料金で1年の半分を閉園しているのでは、とても採算が合わないのではないかと心配になってしまう。逆に見方を変えれば、年間パスと言っても1年の半分以上も使えないので安くしているのかもしれない。様々な割引もあるので、料金の詳細については、ワンダーランドの公式ウェブ・サイトを参照されたい。

　次に遊園地の立地に目を移すと、ここは決して便利とは言えず、トロントの中心街、例えばユニオン駅辺りから車を飛ばせば、道路の渋滞がない限り30分程度で到着できる所だが、電車の駅はないし、公共の交通機関を利用して行くには極めて不便な場所と言わざるを得ない。この不便さゆえに、

写真128　夏季のみ開かれる大プールの一部（2010年8月28日撮影）

写真130　園内の巨大な噴水がいかにも涼しげ（2010年8月28日撮影）

写真129　大人気の木製コースター「Mighty Canadian Minebuster」（2010年8月28日撮影）

写真131　カナダ国旗模様の植え込みの後方にシンボルのWonder Mountainがそびえ立つ（2010年8月28日撮影）

写真132　TTC（トロント市交通局）発行の地下鉄路線図（帰国後に撮影。*Free Ride Guide* June 2010 より）

　もっと便利な遊園地の方に足が向いてしまうことになりはしないだろうか。

　公共の交通機関を利用しようとすると、電車や地下鉄の駅が近くにないので、唯一、TTCとは別のGO Transitが開園日のみ、地下鉄のYorkdale駅、またはYork Mills駅からワンダーランドまでの直通バスを運行しているので、どちらかの地下鉄駅まで行ってGO Transitバス（これ以降「GOバス」と略称）に乗るしかないが、地下鉄の路線から見るとU字形の路線上にあって、ぐるりと路線をほぼ1周するのでたいへん時間がかかるが、地図上では両駅は近いので、この付近の住民には便利でも、離れた所に住んでいれば、2つ駅が選択肢としてあっても、どちらの駅も同じように時間がかかる。しかも、GOバスは走行距離に応じて乗車料金が上がるのに対して、TTCは、全て均一料金で、しかもあらゆる路線のバスも地下鉄も路面電車もtransferで制限時間内なら乗り換え自由なので、GOバスより、ずっと経済的である。

　そこで調べてみると、TTCが夏期のみ限定で165Aバスをワンダーランドまで運行していることが分かり、ヨーク大学のアパート（2 Passy Crescent）の最寄りバス停「Sentinel」からTTCバスを乗り

写真133　TTCのワンデイ・パス。上部の「MONTH/DAY/YEAR」欄にペンで記入し、下部の「月」と「日」の該当箇所をスクラッチして、乗車時に運転手に見せる（2010年8月18日撮影）

写真134　ヨーク大学キャンパスのバス・ターミナルを行くGOバス（2010年8月16日撮影）

継いでワンダーランドに行くことにした。transferを使うと、帰りにまた新たに乗車券を買うことになるので、実際には、あら

第6章　カナダの祭りと遊園地

かじめ買っておいたワンデイ・パスを利用した。

　結局、自宅アパートを出て、約1時間半後にワンダーランドに到着できたが、公共の交通機関を利用してワンダーランドに行くには、よほどバスや地下鉄の路線を熟知していなければ難しい。

　とにかく、交通の不便さはあっても、130ヘクタール、つまり約133万平方メートルもの広大な敷地を8つのエリアに分けて、現在、ゲームやくじ引きなども含め200以上のアトラクションと、60以上の乗り物が楽しめる。写真23の園内案内図を参照のこと。

　入場者数を見ると、年間365万5千人（2012年度）は、例えば、遊園地の入場者数で世界のトップ10に入る大阪USJの975万人（2012年度）に比べて一見、少なく見えるが、ワンダーランドの開園期間が圧倒的に少なく、USJの入場者数が年間365日の延べ人数であるのに対して、ワンダーランドは5月中・下旬に始まり10月の中旬までしか開園せず、しかも7・8月以外は週末の土・日曜しか開園しないので、おおよそ年間85日しか開園していないから、実質の1日当たりの入場者数から見れば、USJが2万6千7百人で、一方、ワンダーランドは4万2千5百人となり、ワンダーランドの方がUSJの2倍近い入場者数を持つことがわかり、ワンダーランドが圧倒的な集客力を誇っている。

　なお、個人的な感想に過ぎないが、園内のエリアや乗り物の配置には十分な工夫、配慮がなされていて、日本を含めて他の遊園地では乗り物から次の乗り物へ移るのに、ずいぶん離れている所が多いのに、ワンダーランドは乗り物やゾーンの配置への十分な気配りにより、効率よく、次々と乗り物やアトラクションへ移って行けるように思われた。

4
カナダの遊園地（その2）
オンタリオ・プレイス

　オンタリオ・プレイス（Ontario Place: 955 Lake Shore Blvd. West）は、ワンダーランドに比べて、遙かに交通の便が良く、トロントの中心街に大変近い遊園地である。トロントの地元住民、いわゆるトロントニアンにも好評で、筆者もヨーク大学に研究員として滞在中に評判を聞き、帰国間際の2010年9月18日（土曜）に、後学のためここを訪れ、たいへん気に入ったが、残念ながらその後、2012年2月1日付けをもって閉園となった。

　しかし、1971年5月22日の開園以来、40年余も地元住民に親しまれて来た遊園地であり、さらにまた、カナダ独立150周年（英国の植民地から1867年に英国連邦の自治領となった）を迎える2017年を目標に再開発されるらしく、いずれまた装いも新たにお目見えするということなので、ここで取り上げることにした。

　ここは、地元の憩いの場であるオンタリオ湖畔のハーバーフロントの西端に造られた人工島にあり、ダウンタウン（例えばユニオン駅辺り）から約4キロという近場で、大きな駐車場があるので、車はもちろん、シーズン中は無料のシャトル・バスが

朝8時半から夜の8時半まで1時間ごとに毎日、運行している。また、公共の交通機関も便利で、様々なルートがあるが、まずはExhibition Place（博覧会場）駅へ向かい、博覧会場を通り抜けて徒歩10分ほどで、すぐにオンタリオ・プレイスの玄関に続く陸橋に出る。ユニオン駅周辺からならば、TTCの路面電車でもバスでも、またGO transitの電車でも行ける。

　場所はオンタリオ湖の湖岸に造られた3つの人工島を橋で結んだ形をしているが、広大な面積は38ヘクタールもあり、大阪のUSJに匹敵する広さを誇っている。

　園内は「アドベンチャー島」(Adventure Island)「マリーナ・ビレッジ」(Marina Village)「チルドレンズ・ビレッジ」(Children's

写真137　園内の案内図（*Ontario Place* 2010 *Park Guide* より）

写真135　Exhibition Place 駅の看板（2010年9月18日撮影）

写真138　入園口と続く陸橋からの眺望（2010年9月18日撮影）

写真136　Exhibition Place を通り抜ける（2010年9月18日撮影）

写真139　園内の一風景（2010年9月18日撮影）

第6章　カナダの祭りと遊園地

写真140 CNタワー展望台からトロント・アイランドを望む（2010年7月15日撮影）

写真141 トロント・アイランドの案内図（*Toronto Island Park Guide* 2010より）

写真142 Westin Harbour Castle Hotelの541号室から眺めるフェリーとトロント・アイランド（2010年9月17日撮影）

Village）の3つの島に分かれている。多くの乗り物があり、ドーム型パビリオンでは超大画面のIMAX映画が上映され、野外コンサート場も備えているので、小さな子供から大人まで1日中、楽しめる遊園地である。

　料金は安く、65歳以上対象のシニア料金など、各種の割引があるが、当日、普通の大人料金として、入場料プラス乗り物・アトラクションにフリーパスで31ドル90セントだった。

　特に毎年7月1日のカナダ・デー（建国記念日）には大規模な打ち上げ花火の会場になることでも有名であるが、年間の開園期間となると短く、9月中旬から翌年5月中旬の冬季は閉園で、開園の期間も、毎日やっているのは7・8月だけで、これ以外は週末の土・日曜のみである

5
カナダの遊園地（その3）
トロント・アイランドと「センタービル・アミューズメントパーク」

　トロントの地元住民の生活を潤してくれるハーバー・フロント地区は、この地区自体が人工の砂浜やボードウォークを備え、さらには野外コンサートなどの会場もあり、オンタリオ湖の周遊クルーズなど、様々に楽しめ、憩えるオアシスのような場所であるが、ここからフェリーや水上タクシー

で約10分の距離にあるトロント・アイランド (Toronto Island) は、島全体が公園になっている。

　島では散歩やバード・ウォッチングなど、またサイクリングやテニス、さらには魚釣りやヨット、ボート、カヌーなどのマリン・アクティビティをはじめ、様々なスポーツが楽しめるほか、センター・アイランドのフェリー乗り場を降りてすぐに「センターヴィル・アミューズメントパーク」(Centreville Amusement Park) という遊園地があり、各種の乗り物がある。

　トロント島のフェリー乗り場は3カ所あり、約300世帯が暮らす住宅地 (Wikipedia 英語版を参照) のあるワーズ・アイランド・フェリー乗り場、島全体が公園や遊園地であるセンター・アイランド・フェリー乗り場、小型プロペラ機専用の空港「ビリー・ビショップ・トロント・シティ空港」もあるハンランズ・ポイント・フェリー乗り場である。

　ハーバー・フロントのフェリー乗り場 (Mainland Ferry Terminal: Bay St. Queent's Quay W.) は、ダウンタウン、例えばユニオン駅から300メートルほどの至近距離にあり、ウェスティン・ハーバー・キャッスル・ホテル (Westin Harbour Castle Hotel) の隣にある。

　フェリーの往復運賃は現時点で大人7ドル、65歳以上のシニアと19歳以下の学生は4ドル50セント、14歳以下は3ド

写真143　Centreville Amusement Park の看板（2010年9月17日撮影）

写真145　ハーバー・フロントのフェリー乗り場（2010年5月4日撮影）

写真144　島では様々な貸し自転車も楽しめる（2010年5月4日撮影）

写真146　センター・アイランドのフェリー乗り場（2010年5月4日撮影）

第6章　カナダの祭りと遊園地

ル50セント、2歳以下は無料という格安で、ちょっと散歩でトロント島に足を延ばす、という感覚で気軽に利用できる。

乗船時間は、ほんの10分程度なので、地続きの公園と何ら変わらず、その一方で短時間ながら船旅が味わえるという、トロントの地の利を最大限に利用した公園、遊園地として、誰からも好まれ、親しまれている憩いの場所である。

なお、「センターヴィル・アミューズメントパーク」については、開園期間が毎年5月1日から9月末までとなっており、5月と9月は土・日曜のみ、6月から8月は毎日開園しているが、10月から翌年の4月いっぱいは休園している。

6
カナダの遊園地（その4）
ブラック・クリーク・
パイオニア・ビレッジ

ヨーク大学のキャンパスの西隣に「ブラック・クリーク・パイオニア・ビレッジ」(Black Creek Pioneer Village: 1000 Murray Ross Parkway)（以下、「パイオニア・ビレッジ」と略す）というテーマ・パークがあり、ここは Steeles Ave. と Jane St. の交差点になる。大学キャンパスの一角を散策するような気分で、散歩して行けるが、ダウンタウンからだと、TTC 地下鉄の Finch 駅から #60 のバスに乗り、Jane St. で下車して10分

写真147　Toronto Island Park の看板（2010年5月4日撮影）

写真149　パーティーなどに利用を呼びかける看板（2010年5月18日撮影）

写真148　島では遊覧船にも乗れる（2010年5月4日撮影）

写真150　園の玄関口で（2010年5月24日撮影）

ほど歩くか、あるいは Jane 駅から #35 の
バスに乗って行くこともできる。

　このパイオニア・ビレッジの特徴は、1860年代のオンタリオ州の生活を再現したテーマ・パークということだが、当時の生活を単に見せたり、紹介するだけでなく、実際に様々な作業を体験させてくれる体験型の教育施設の顔も併せ持っている。

　特別な乗り物類はないが、1860年代当時の服装で、水車を利用した粉ひき、鍛冶屋、靴屋、酒造、パブ、レストラン、教会等々の様子を見せてくれたり、しばしば園内で、親子連れが楽しめる劇を上演している。筆者は祭日の「Victoria Day」（ビクトリア女王誕生祭）の祭日（5月24日）に訪れたが、ちょうどこの年（2010年）には、5月22日（土曜）から24日（月曜）の3日間、「不思議の国のアリス」の特別イベントをやっていて、子供向けの劇を上演するだけでなく、劇の

写真153　当時の桶屋 (Cooperage) の玄関（2010年5月24日撮影）

写真154　当時の消防車も展示されている（2010年5月24日撮影）

写真151　園内図（*Visitor's Guide* 2010 より）

写真152　園内各所にアリスの登場人物が現れた（2010年5月24日撮影）

写真155　園内のホールでは子供向けの劇を上演（2010年5月24日撮影）

第6章　カナダの祭りと遊園地

時間外には、登場人物やキャラクターが園内の各所に現れて、子供たちを大いに喜ばせていた。

開演期間は5月1日から暮れの12月23日までで、12月24日から翌年の4月末日までは休園となるが、年間を通じ、学校の行事や地元住民の結婚式や各種パーティーであれば、いつでも利用できる。つまり地域密着型であり、教育施設・文化施設型のパークと言える。

子供連れでない近所の大人たちは、散歩がてら立ち寄り、昔懐かしい建物の中で地ビールや食事を楽しむ姿がうかがえた。

この日、天気予報では最高気温25度と出ていたが、空もよく晴れ、日なたはおそらく摂氏30度近くまで気温が上がっていたものの、オンタリオ湖から吹く風が涼しく、昔のオンタリオにタイム・スリップして、当時の生活や村の風景を十分に堪能した。

写真156　トロント動物園の入場ゲート付近（2010年7月8日撮影）

7
トロント動物園

トロント動物園（Toronto Zoo: 361A Old Finch Ave. Toronto, Ontario M1B 5K7）は、カナダ最大の動物園として、1974年8月15日に開園し、それ以来、大人気を博している動物園である。場所は、トロントのダウンタウンからだと、北東に約40キロの郊外にあるので車を利用するのが一番便利だが、公共の交通機関も利便性が充分計られていて、いくつかのルートで電車やバスを乗り継いで行ける。トロント動物園行きのバスがTTC地下鉄のKennedy駅から86A番が、またDon Mills駅やGO TrainのRouge Hill駅から土・日曜日と祭日に85番が、平日に85A番ないしは85B番が動物園まで運行しているので、都合の良いルートが選択できる。

2010年7月8日（木曜）、この日の空模様は曇天ながら午後、気温34度になると天気予報に出ていたが、アパートの室内定期清掃の日であり、外出する方が良かったので、家内と共にトロント動物園を訪れることにした。

いつものように、ヨーク大学内のアパート前からロケット・バスで最寄りのTTC地下鉄Downsview駅へ向かい、Kennedy駅を目指したが、あいにく電車のトラブルで途中区間が不通だと駅構内や車中でアナウンスがあったものの、しばらくして復旧し、なんとかKennedy駅に到着した。アパートからここまで1時間かかった。

駅から86A番のバスで約1時間、動物園入り口に近いバス停にようやく到着した。ちなみに帰りは同じ道を引き返したのに、バスに乗っている時間がずいぶん短く感じられた。

バス停から入場ゲートまでは広大な駐車

写真 157　*Toronto City Pass* の宣伝パンフレット（帰国後に撮影）

写真 159　園内案内図（*Visitor's Guide* 2010 より）

写真 158　*Toronto City Pass* のチケット綴り表紙（帰国後に撮影）

写真 160　周回バス Zoomobile が広大な園内を走っている
（2010 年 7 月 8 日撮影）

　場の脇を通って約 10 分ほど歩くことになるが、チケット売場で当時、大人 21 ドルの入園料（本書執筆時の 2014 年度は、5 月 1 日〜10 月 31 日のシーズン期間が大人 28 ドル、11 月 1 日〜4 月 30 日のオフシーズンが大人 23 ドルに変更されているが、当時の 13 〜 64 歳の大人料金。ちなみに 65 歳以上のシニアは 15 ドル、3 〜 12 歳の子供は 13 ドルで 2 歳以下の幼児は無料）が、トロント動物園を含む 5 つの観光施設 [*1] の入園・入場チケットが 1 冊に綴られた *Toronto City Pass* という割引券が 59 ドルで販売されていて、それぞれ別個にチケットを買うより半額近くになる（50 ドル 12 セント引きで、46 パーセント引きになる）ので、迷わずこれを買い、入園した。

　あまりにも広大で、とても歩いて見て回れないので、園内を周回している連結型の小型バス（Zoomobile）に 1 日乗り放題のチケットを 8 ドルで買い、園内の移動に利用した。

　日本の動物園と比較して、まず大きな違いはその広さである。例えば日本最古で、また年間の来客数でも日本一の恩賜上野動物園 [*2]（通称、上野動物園）が 14 ヘクタールであり、郊外に位置する多摩動物公園でさえ 56 ヘクタールであるのに対して、トロント動物園は 287 ヘクタールもあって比ぶべくもない。

　ちなみに関西で古くから人気のある京都市動物園は日本で 2 番目に古い動物園であるが 4 ヘクタール弱、日本で 3 番目に古い大阪市天王寺動物園（通称、天王寺動物園）が

写真161 トロント動物園のグリズリーベア（2010年7月8日撮影）

約11ヘクタールであり、神戸市立王子動物園（通称、王子動物園）は約8ヘクタールである。

一方で飼育されている動物の数を比べると、トロント動物園は500種5,000頭以上（2011年5月時点）に対して、例えば上野動物園は508種3264頭（2008年3月時点）であり、王子動物園は138種778頭であるので、単純に1頭当たりの動物園の広さを見ても、上野動物園の15倍、王子動物園の約5.7倍もあることに驚かされる。これは単にトロント動物園の広さが圧倒的に広大である事実を示すだけに止まらず、動

写真162 トロント動物園内に立つグリズリーベア像（2010年7月8日撮影）

写真163　トロント動物園で大人気の白熊（2010年7月8日撮影）

物を見る観客のゆとり、飼育されている動物の生活環境の優位性といった点を如実に示していると言える。

　もちろん、動物園が広いということは、基本的に様々なメリットがある一方で、デメリットがないというわけではないので、いかにこのデメリットを克服しているのかということになる。

　1つはZoomobileを運行して観客の便宜を図っていることである。これは物理的な移動手段を提供しているが、次には園内のレイアウトの工夫として、それぞれの動物の生息地から7つのゾーンに明確に分けていることである。このゾーン分けによって、見たい動物を効率よく見ることができるだけでなく、広大な園内を限られた時間で見て回ることを可能にしている。

　また、この動物園の最大の特徴は、このトロントにあって年中無休で開園していることである。冬は長くて寒く、雪も積もる土地なので、他の戸外の遊園地類は冬に完全に休園するので、年中無休の屋外施設は例外中の例外である。逆に言えば、雪が積もる寒い冬でも大勢の来客がある、集客力がたいへん高い、ということである。

＊1　「Toronto City Pass」がカバーする5つの施設は、CN Tower、Casa Loma、Ontario Science Centre、Royal Ontario Museum（通称、ROM）とこのToronto Zooである。

＊2　月別に見ると、旭川市旭山動物園が上野動物園を上回る月もある。

第7章
トロントとその周辺の名所旧蹟

オンタリオ州議事堂（2010年3月26日）

1 トロントの名所旧蹟（その1）
カサ・ローマ

　カサ・ローマ（Casa Loma：1 Austin Terrace, Toronto, Ontario, M5R 1X8）は、スペイン語で「丘の家」を表すその名の通り、小高い丘の上に立つ城である。まだトロントの西も東もわからない3月27日（土曜）に初めてここを訪れた時は、ダウンタウンのイートン・センター（Eaton Centre）内の観光案内所で市内観光マップをもらい、これを見ながら地下鉄デュポン（Dupont）駅に向かい、その後、デュポン駅を出て、親切な駅員に教えてもらった通り、道路沿いに北へ約10分歩いて突き当たりのT字路に向かった。渡った道路を左へ向かってすぐ、右手の坂道を上りながら塀越しにカサ・ローマの威容が目に飛び込んで来たので、迷うことなくゲートにたどり着いたが、駅から徒歩12～3分しかかからなかった。なお、『歩き方・カナダ東部』などにはこの徒歩ルートが示されているが[*1]、先ほどのT字路を渡ったところの階段を上って行くと、カサ・ローマの裏手に出ることが出来て、かなり近道になるので、7月13日（火曜）に Toronto City Pass を使って訪れた時も、9月17日（金曜）に訪れた時も、この階段を上って近道をした。

　家内はシニア（60歳以上）料金10ドル

写真164　向かって左側の電信柱に付けられた案内板には、カサ・ローマやスパダイナ・ハウスへ行くには左へ進むように矢印が見えるが、正面の階段をそのまま昇る方がずっと近い（2010年3月27日撮影）

写真166　カサ・ローマ城の中庭から城の威容を望む（2010年7月13日撮影）

写真165　カサ・ローマ城の正面玄関（2010年7月13日撮影）

写真167　カサ・ローマの室内調度品（2010年3月27日撮影）

95セントだったが、筆者はこの時、60歳に4ヶ月足らず、大人料金の16ドル19セント払って入館した。

受付では無料の携帯式音声ガイドが借りられるが、この城を建設したヘンリー・ミル・ペレット卿 (Sir Henry Mill Pellatt) の夫人メアリー・ペレット (Lady Mary Pellatt) からのメッセージや解説も含まれていて貴重な内容であるし、ガイドの装置が日本語にも切り替え出来るので、ゆっくり自分のペースで館内が見学できる。さらに、カサ・ローマの歴史や館内の説明図などのパンフレットも用意されているし、音声ガイドの原稿のプリント・アウトも用意されている。

このネオ・ゴシック様式の城、カサ・ローマは、これまでにカナダで建設された最大の私邸であり、現在、トロントを代表する名所となっているが、そもそもはカナダ陸軍少将 (Major General) で、またトロント電力会社を設立し、ナイアガラ滝を利用した水力発電で莫大な富を成したペレット卿が中世の城に憧れて、1911年に着工し、300人の建設作業員と3年以上の歳月、そして当時の金額にして350万ドル以上の費用をかけて建設した豪邸である。

しかし不運にも1914年の第1次世界大戦勃発のために城の建設は頓挫し、地下フロアの室内プールや運動のためのボウリング場は未完成のままに残されて現在に至っている。

彼と夫人メアリーがこの城に暮らしたのは約9年間でしかなかった。この城だけでなく、長年に渡って収集された家具調度品や美術品、トロントで最初の電気自動車を含む車のコレクション、屋敷の隅々まで飾る草花を庭師に栽培させる部屋まで用意したほどの庭園など、1923年の破産で失うことになった。この城にまつわる正に栄枯盛衰の物語は感慨深いものである。

現在、トロント市が所有しているこの城は、トロントのみならずカナダの歴史に関わる価値の高い建築物であると同時に、中世の城を思わせる威容は、数多くのテレビ・ドラマや映画[*2]の撮影に用いられており、このようなファンにも憧れの名所である。

写真168　カサ・ローマをスパダイナ・ハウス側から望む
(2010年7月13日撮影)

写真169　カサ・ローマ最寄りのデュポン駅出口付近 (2010年7月13日撮影)

*1　Dupont駅下車。Dupont St. を渡りSpadina Ave. を北に少し歩いて突き当たったDavenport Rd. を左折。1本目の坂道を右折し上りきったところ。ー『歩き方 カナダ東部』p.89、欄外の注

*2　『X-MEN』[監督] ブライアン・シンガー (2000年、米国)、『シカゴ』[監督] ロブ・マーシャ

ル（2002 年、米国）、『X-MEN』[監督] ブライアン・シンガー（2000 年、米国）、ほか。Web サイト「Casa Loma — part of the Hollywood dream」参照。また、映画『ハリー・ポッター』シリーズの最終回完結編である『ハリー・ポッターと死の秘宝 Part 2』が 2011 年 7 月 11 日に日米同時公開されたが、トロントでもこの日に初公開された後、ホグワーツ魔法学校をテーマにしたファン・サービスのパーティーがこのカサ・ローマで開催され、Neville Longbottom 役の Matthew Lewis たち出演俳優も出席してたいへん賑わったとのことである。

2
トロントの名所旧蹟（その 2）
スパダイナ博物館
（通称「スパダイナ・ハウス」）

スパダイナ博物館、通称「スパダイナ・ハウス」は、1866 年に実業家のジェームズ・オースティン（James Austin）がガス会社への投資で財を成し、築いた豪邸で、すぐ隣には有名なカサ・ローマがある。

カサ・ローマと隣り合わせているので、道順も全く同じだが、地下鉄デュポン駅からスパダイナ通りを数分北上し、東西に走っているダヴェンポート通りに突き当たるとスパダイナ通りはいったん無くなるが、目の前の短い上り坂の階段を上りきると、猫の額ほどの小さな細長い公園（幅が道路の幅程度）になっていて、この公園を抜けると、再びスパダイナ通りに繋がっている。この細長い小さな公園を挟んで、カサ・ローマと向い合わせている。

名前の「Spadina」は、土地の先住民の語「espadinong」（「丘」や「急な土地の隆起」の意）から生まれた語であるそうだが、トロント市の Web サイトによれば、地元住民、いわゆるトロントニアン（Torontonians）の多くは、スパダイナ通り（Spadina Road）の「Spadina」は「スパダイナ」[spədáinə] と発音し、スパダイナ・ハウスの「Spadina」は「スパディーナ」[spədíːnə] と発音して、両者を区別していたとのことだが、現在では、いずれも「スパダイナ」と発音されるようになっている。

この豪邸にはジェームズ・オースティン、その息子のアルバート・オースティン（Albert William Austin）、そして息子アルバートの娘アンナ・トンプソン（Anna Kathleen Austin Thompson）が 3 代に渡って 100 年以上暮らしたが、1929 年に米国で始まった「世界大恐慌」や新興ブルジョアジーの台頭のあおりを受けて、息子アルバートは 1933 年に死去し、その娘アンナが 1942 年から 1982 年までここに暮らしていたが、結局、資産を手放すことになり、自らは小さな住宅に引っ越し、この豪邸と家具調度品をトロント市に寄贈した。

その後、トロントが激変した 1920 〜 30 年代を代表する唯一の市の博物館として 1984 年より一般公開されている。隣にある有名な城、カサ・ローマの陰に隠れて目立たない印象だが、貴重な史蹟である。

筆者が家内と共に訪れた時には、1 年間の改装中で、残念ながら留学中には完成した姿を見ることが叶わず、ただ改装中の様子を見るしか出来なかった。

初めてここを訪れたのは、2010 年 3 月 27 日（土曜）にカサ・ローマを見学したついでに立ち寄ったのだが、これほどトロントを代表する史蹟でありながら、「改装中」といった立て札も看板も一切なかったので、この時には、まさか 1 年間をかけての

写真170　スパダイナ・ハウスの外観。道路を挟んでカサ・ローマ城側から（2010年7月13日撮影）

写真171　「2009年11月30日から2010年夏まで改装中」と記された小さな看板が門扉に下げられていた（2010年7月13日撮影）

改装中だとは夢にも思わなかった。

　同年7月13日（火曜）に再度、ここを訪れた時、ゲートが施錠されていなかったので家内と2人で邸内に入り、庭の花を世話していた女性に尋ねたところ、現在、改装工事中であることを教えてくれた。

　彼女から、秋には工事が終わると聞いていたので、帰国間際の同年9月17日（金曜）にまた訪れたが、相変わらず辺りに人気が無かったものの、建物の中に入れるし、しかも室内から何人かの人の気配がしたので、厚かましく室内に入ったところ、業者らしき数人が改装作業をしていたので、改めて尋ねたら、この10月頃まで改装工事が続くことを教えてくれた。

　工事の完成を見届けることは出来なかったが、立派な建物の外観や広い庭に、トロントを代表する史跡としての威厳を感じた。

3
トロントの名所旧蹟（その3）ヨーク砦

　ヨーク砦（Fort York National Historic Site, 俗称 Fort York：100 Garrison Rd. Toronto）は、一地方に留まらずカナダ全体の歴史に深く関わる史蹟であり、トロント市が管理運営する国定史蹟・博物館であるが、実際には広々とした敷地に子供連れの家族が散歩に来たり、ピクニック気分でくつろいだり、敷地の一角に備え付けられているベンチやテーブルで軽食を楽しんだりも出来る、言わば市民の憩いの場でもある。

　このヨーク砦は国の歴史に深く関わる史蹟であると述べた通り、現在のトロントは、英国領カナダの中心「アッパー・カナダ」（現在のオンタリオ州）を統率していたシムコ将軍（John Graves Simcoe）が、1793年に、現在のヨーク砦の地に、英国がオンタリオ湖を支配下に置けるように、海軍の駐屯地を築いたことに始まる。（Fort York Visitor's Guide を参照）

　この頃、カナダの土地を奪い合うという形で英国は米国と対立しており、1812年のいわゆる「米英戦争」（War of 1812）で米国は宣戦布告し、カナダ侵略を押し進め、1813年4月には、このヨーク砦も数に勝る米国軍によって破壊された（1813年4月27日開戦「ヨークの戦い」（Battle of York））。

　その後、米英戦争は1814年12月に終

写真172 ヨーク砦の構内風景。トロントのシンボルCNタワーも見える（2010年8月26日撮影）

写真174 ヨーク砦の構内を騎馬警官が行く（2010年8月26日撮影）

写真173 ヨーク砦の大砲（2010年8月26日撮影）

写真175 ヨーク砦で当時の軍服に身を包んでマーチ（2010年8月26日撮影）

結すると共に、米国のカナダ侵略に対する防衛が成功する結果となった。焼け野原になったヨーク砦も1815年に再建され、現在に至っている。

1870年にカナダは英国領からカナダ連邦として独立し、これを機にヨーク砦もカナダ軍に引き渡された。

1934年5月24日のビクトリア・デー（ビクトリア女王誕生祭：5月第3月曜日）に公立博物館・史蹟として開館した。写真180は開館2日前のヨーク砦の姿を伝える貴重な写真である（Fort York Visitor's Guideを参照）

場所はCNタワーやロジャーズ球場のあるハーバー・フロント地区の一角にあり、真横（南側）にGardiner Expresswayとい

う高速道路が走っている。ヨーク砦の構内からCNタワーも間近に見える所なので、ユニオン駅周辺からでも西へ2キロほどの距離であり（ロジャーズ球場からなら西へ1キロほど）、充分、徒歩で行ける。

歩くのが面倒なら、TTC地下鉄のBathurst駅で連絡している#511の路面電車に乗り、ギャリソン通り（Garrison Rd.）かストレイチャン通り（Strachan St.）で下車すれば目の前にある。北から南へ向かう#511の車窓から、やがて右手に（西側）それらしい敷地や建物が見えて来るので下車する停留所を間違う心配はない。

実際に家内と2人でヨーク砦を訪れたのは2010年8月26日（木曜）のことだったが、

第7章 トロントとその周辺の名所旧蹟

写真176　ヨーク砦に見学に来た子供達への説明（2010年8月26日撮影）

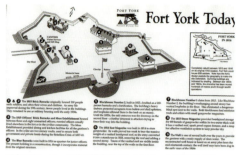

写真178　ヨーク砦の構内図（*Fort York Visitor Guide* 2010 より）

写真177　ヨーク砦の詳しい説明をしてくれる（2010年8月26日撮影）

写真179　ヨーク砦の入場券兼レシート（2010年8月26日撮影）

ユニオン駅周辺のダウンタウンにいるなら、ゆっくり散歩して行くが、ヨーク大学内のアパートから直接にヨーク砦に向かったので、最寄りの地下鉄 Downsview 駅から Spadina 駅に行き、そこで乗り換えて1駅の Bathurst 駅で降りて、駅前で直結している路面電車#511に乗り、Garrison で降りたので、ほとんど歩かずに行けた。

まず入り口には、Canteen と呼ばれる軽食や飲み物、さらにはガイドブックや土産物などを売っている小さな簡易食堂兼売店があり、ここで入場料を払って構内に入る。Canteen という呼称は元来「軍基地の簡易食堂」を表すので、この呼び名だけで、昔の砦にいる雰囲気をいやが上にも盛り上げてくれる。

Good Friday（復活祭前の聖金曜日）、Christmas Day（12月25日）、Boxing Day（12月26日）、New Year's Day（元旦1月1日）以外、特別な行事が入らない限り、年中無休である。

入場料は家内と一緒に7ドルほど払ったが、おそらくは何も申告しなかったのにシニア料金にしてくれたようだ。ちなみに現在（2014年夏）の入場料は、大人9ドル、シニア（65歳以上）と学生5ドル50セント、子供4ドル25セント、幼児（5歳以下）無料となっている（インターネット・サイト『The Friends of Fort York』より）。

入り口は2カ所、西口と東口があり、西

写真180　1934年5月24日に博物館として開館したその2日前のヨーク砦 (*Fort York Visitor Guide* 2010 より)

写真181　知られていないがヨーク砦近くにあるモニュメント (2010年9月18日撮影)

口にCanteenがあるので、必ず西口から入って入場料を払わなければならないが、私たちは初めて訪れたので何も知らず、いつの間にか東口から砦の構内に入っていることに気づき、そのまま敷地を横切って西口へ行き、内側からCanteenに入って入場料を払った。

　四方を壁で覆われた7エーカー（28,328㎡＝8,569坪）の広い構内は芝生で覆われ、徒歩や車椅子用にアスファルトの歩道が見学路として造られている。

　1815年に再建された当時の石垣、武器貯蔵庫、大砲が数門残されており、建物は「ヨークの戦い」の頃の武器や衣装の遺品や当時を偲ばせる品々をカナダで最も多く所蔵している博物館となっており見学ができる。館内では無料で「ヨークの戦い」の映画も上映されている。年中、朝10時の開場に合わせて10時30分に国旗掲揚のセレモニーがあり、11時30分から当時の軍服に身を包んだ兵士による行進や音楽演奏がある。様々なイベントに加えて、ガイド・ツアーもあるし、当時の砦内外の生活の紹介もあるので、小中学生や幼稚園の子供たちが遠足にやって来ることも多いよ

うである。平日のこの日も、数名の入場者に加えて保育園の子供たちが10人ほど先生や親に付き添われてやって来ていた。

　史蹟というだけでなく、ビルが林立する都会の真ん中にある緑豊かな公園というイメージも併せ持つので、見学や歴史の勉強にやって来るだけでなく、近所の人たちが気軽に散歩に来ている様子がよくわかる。この日もトロントの町中でたまに見かける騎馬警官が、おそらく休憩に立ち寄ったのであろう姿が見かけられた。

　筆者も家内と2人で砦の中を隅々まで見学し、軍服姿の兵士のマーチや鼓笛隊の演奏を楽しみ、子供たちと一緒に説明を聴いた後、Canteenで買ったサンドイッチや飲み物をベンチで広げて、ゆっくりとくつろいだ。

　なお、日本のガイドブックにも、またカナダのガイドブックにも(筆者の目の届く限り)全く紹介されていないが、ヨーク砦の近く、ストレイチャン通りに金色と銀色の2体の大きな兵士像のモニュメントが建てられていて、バスや路面電車の車窓からでも、人の目を引きつけている。

4
ナイアガラの滝

　初めてトロントに来て最初の1週間をダウンタウンのホテル（Sheraton Centre Toronto Hotel）で過ごした後、無事、予定のヨーク大学のアパートに入居し、2週間余りが過ぎてぼつぼつ周囲の様子も分かるようになった。また大学での研究もペースがつかめて来たので、ここトロントで暮らしているからには世界3大瀑布の1つであるナイアガラの滝は見ておきたいと考えて、まずは1日で主な見所が一通り観光できて、しかも日本人ガイドが付いているということに惹かれて日本人向けの旅行会社の1日ツアーを利用した。トロントに来て、ヨーク大学のアパートに入居するまでの1週間に滞在したSheraton Centre Toronto Hotelの地下のショッピング・モールの一角に偶然、日本の旅行会社「H.I.S.」を見つけていたので、思い出して4月14日（水曜）にこのH.I.S.を訪れてツアーの申し込みをした。ちなみにカナダのH.I.S.支店が、たまたま宿泊したホテルの地下街にあったので、今思うとたいへん幸運だった。

　このツアーは、トロント在住日本人の関さんという人が運転手兼ガイドで、シェラトンホテルのロビーまで、11人乗りのワンボックス・カーで迎えに来てくれたが、私たち夫婦以外にお客は前日トロントにやって来たばかりの日本人女性1人だけだったので、ツアーというより和気藹々とした家族旅行のような雰囲気だった。

　また、ナイアガラの滝を再度訪れた7月下旬の頃には、すでにカナダ各地を出張や観光で旅慣れていたので、VIA鉄道の切

写真182　日本の旅行会社H.I.S.のカナダ支店が、ダウンタウンの中心にあるシェラトン・ホテル（Sheraton Centre Toronto Hotel）の地下に店舗を構えている（2010年8月3日撮影）

写真183　カナダVIA鉄道の乗車券［トロント駅～ナイアガラ滝駅の往復乗車券］（2010年7月27日撮影）

写真184　米国ニューヨーク始発のトロント行き列車がナイアガラ滝駅に到着（2010年7月30日撮影）

符からホテルの予約に至るまで自分で全て自分でやり、ナイアガラとその周辺を2泊3日で観光したが、最初に1日ツアーで主な見所を回り土地勘が出来ていたので、2度目には余裕が出来て、色々な面で助かった。

写真185 カナダ滝をテーブル・ロック (Table Rock：カナダ滝を眼下に見る岩の展望デッキ) ２階展望台から撮影 (2010年7月29日撮影)

写真186 コニカ・ミノルタ・タワー (タワー・ホテル) の有料 (2人で11ドル) の25階展望室から21時頃にイルミネーションに彩られた夜のナイアガラ滝を撮影。イルミネーションは21時から24時まで (2010年7月29日撮影)

　ナイアガラ周辺については、この２度の観光や体験を中心に書き残したいと思うが、言うまでもなく余りにも有名な観光地なので、情報や解説は容易にガイドブックやインターネットで入手できるので、ここではガイドブック類などから得られない現地の様子や、日本人の目から見て特筆すべきことなどを、そこで得た知見を元に述べたい。

　ナイアガラの滝 (Niagara Falls) は、最大のカナダ滝 (Canadian Falls) ［幅675メートル、別名「馬蹄形滝」(Horseshoe Falls)］と、ゴート島を挟んですぐ隣にある３分の１ほどのアメリカ滝 (American Falls) ［幅320メートル］と、このアメリカ滝に隣接する一番小さく細いブライダル・ベール滝 (Bridal Veil Falls) ［幅15メートル］をまとめて「Niagara Falls」と総称されている。

　南米のイグアスの滝やアフリカのコロンビア滝と並んで世界３大瀑布の１つでありながら、世界遺産でないことも不思議であるが、考えて見れば、後述する隣町の「ナイアガラ・オン・ザ・レイク」の方が、英国植民地時代の、オンタリオ州が「アッパー・カナダ」と呼ばれていた頃の首都であっただけに、カナダやオンタリオ州から見て隣の「ナイアガラ・オン・ザ・レイク」の方に歴史的価値があると見られているのかもしれない。

　またナイアガラの滝があるナイアガラ・フォールズ市は米国ニューヨーク州の方にも同名の市があることは、案外、知られていない。カナダ滝が間近に見える「テーブル・ロック」から、ナイアガラ川沿いに走っているナイアガラ・パーク・ウェイを川下へ歩いて10～15分ほどの所に架かっている「レインボー・ブリッジ」を渡ると、米国ニューヨーク州バッファローへ続いている。

　カナダ側を出る際、家内と２人で25セント硬貨２枚をスロットに入れるだけで簡単に橋に出られた。アメリカ側でもカナダ側でも出る時はノーチェックで料金をスロットに投入するだけだが、入国する時には（筆者の場合は、橋から戻ってカナダに再入国という形になる）入国管理官がいて、パスポートを所持していることが絶対に必要となる。旅行ガイドブックなどには「パスポー

第７章　トロントとその周辺の名所旧蹟

写真187 ナイアガラ滝のすぐ下流にあるレインボー・ブリッジ。橋の真ん中が国境で、国境を示す表示板がある。この橋を渡れば米国ニューヨーク州（2010年7月29日撮影）

写真188 レインボー・ブリッジの真ん中にある「国境を示す表示板」を撮影する（2010年7月30日撮影）

トを見せるだけ」などと書いているが（例えば『歩き方 カナダ東部』p.101）、実際には、空港での入国審査と同じように様々なことを尋ねられるので、注意が必要である。

　The officer gives this intrusive and redundant interview before allowing you to pass. "Where are you from?" "What are you carrying?" "What are you going to do?" Their serious faces are quite comical. Then on the way back, its the same except there is no toll.
— Makal A. Aurora, United States 10/30/2013
　http://www.yelp.ca/biz/rainbow-bridge-niagara-falls

　上記は1例だが、この入国審査が面倒であることを、多くの経験者がインターネット上に投稿している。

　さて、1日でも早く見たいナイアガラの滝でありながら、初めての観光を、ツアー申し込みからしばらく日を置いた4月22日（木曜）に決めたのは、ナイアガラの滝壺まで乗船できる「霧の乙女号」が冬に運休していて、この年、4月中旬まで動いていなかったからである。「霧の乙女号」が動き始めた日を確認して訪れたのは正解で、観光客の少ない時期でもあり、ゆっくり乗船できたし、目的の滝壺クルーズを満喫した。とは言っても、滝壺の辺りに入ると水しぶき（というよりゲリラ豪雨のような状態）と嵐のような滝の風圧で、さながら大型台風の中にいるようで、貰った雨合羽を手で押さえるのが精一杯で目もまともに開けられない。ナイアガラの滝の迫力を遠くから眺めるのとは違い、滝の圧倒的な迫力を正に肌で知った。ただ、本書の執筆中に、この「霧の乙女号」が2013年度をもって廃止されたことを知り、たいへん残念であるが、その後、2014年の6月、観光シーズンの始まりに合わせて、「霧の乙女号」に代わり「ホーンブロワー・ナイアガラクルーズ」（Hornblower Niagara Cruise）という、新しいイベントも盛り込まれた滝壺巡りがこれからも新しい船で続けられることは嬉しいことである。

写真189　カナダ滝の滝壺に迫る遊覧船『霧の乙女号』(Maid of the Mist)（2010年7月29日撮影）

　ナイアガラの滝は、その流れ落ちる水しぶきが噴煙のように常に何十メートルと空高く吹き上がっていて、その姿は豪快であり、壮観そのものである。ナイアガラの街に近づくと、町並みの建物越しに大きな噴煙のような水しぶきが早々と見えてきて、ナイアガラの滝を期待させるが、オンタリオ湖を挟んだ対岸にあるトロントからでも条件さえ良ければCNタワーの展望台のような高台から見ることが出来るほどである。

　初めて見ると、その莫大な水量、常に轟々と耳をもつんざく音を上げ、噴煙のような水しぶきを空高く吹き上げる滝の姿にはただただ圧倒されるばかりである。ただ、個人的な印象に過ぎないが、30代半ばに米国コロラド州で見たグランド・キャニオンの壮大さに感動した時とは若干、異質な感激だった。ただ、これは歳を取ったせいかもしれない。

　ナイアガラ川の川沿いに広い歩道を持つナイアガラ・パーク・ウェイが走っているが、この道路から少し高くなった所に街のメイン通りが、川岸やナイアガラ・パーク・ウェイに平行して走っていて、多くの観光施設やホテルは、このメイン通りに林立している。この川岸やナイアガラ・パーク・ウェイとメイン道路の高低差は結構あって、遠回りすれば上り下りできるが、「インクライン・レイルウェイ」と呼ばれている1種のケーブルカーがあるので、フォールズ・ビュー地区のホテル街から滝の観光

第7章　トロントとその周辺の名所旧蹟

写真190 『霧の乙女号』に乗船して滝壺へ向かう（2010年4月22日撮影）

写真192 『インクライン・レイルウェイ』の改札口付近（2010年7月29日撮影）

写真191 ホテル街から滝口までの移動に便利なケーブルカー『インクライン・レイルウェイ』（2010年7月29日撮影）

写真193 滝に隣接するクリフトン・ヒルの街の中央にある巨大な観覧車『Niagara Sky Wheel』（2010年7月30日撮影）

ポイントまで楽に早く行き来（上り下り）出来るので便利である。

　ナイアガラは世界中から観光客が殺到する超有名な観光地であるので、滝や滝に関わるアトラクション以外にも、観光客を引きつける娯楽施設があふれんばかりで、目抜き通りのビクトトリア通りから川沿いのナイアガラ・パーク・ウェイに繋がる坂道のクリフトン・ヒル通りにはカジノはもとより、巨大な観覧車（Niagara Sky Wheel）や娯楽施設にあふれ、街はさながら玩具の世界である。

　娯楽施設やアトラクションの全てを紹介する余裕はないが、特に印象深いものをいくつか紹介すると、この辺りのランドマークとなる「スカイロン・タワー」の展望台や回転式レストランでの360度の景色を眺めながらの食事、「スカイロン・タワー」より1回り小振りながら「コニカ・ミノルタ・タワー」の展望室からイルミネーションで彩られた夜のナイアガラ滝の眺め、ピラミッド型の建物が印象的なアイマックス劇場（IMAX Theatre Niagara Falls）では巨大なスクリーンでナイアガラ滝の歴史や伝説の映画が見られる。この劇場内には、様々な危険な挑戦をした冒険者たちの展示室もあって、例えば、樽の中に入って滝下りしたり、滝壺の上を綱渡りしたりした冒険者たちの写真や実際に使われた機材の展示も

写真194 クリフトン・ヒルは、街全体がまるで遊園地のようである（2010年7月30日撮影）

写真196 『アイマックス劇場』の隣にあるナイアガラ・フォールズ観光局のオフィス兼観光案内所。結構、見つけにくい場所にある（2010年7月29日撮影）

写真195 『アイマックス劇場』（IMAX Theatre Niagara Falls）の館内に設置された展示室には滝下りや綱渡りなど、ナイアガラ滝に挑戦したDaredevil（命知らずの勇者達）にまつわる品々が展示されている。本写真は、1901年10月24日、樽に入って滝下りに成功した初の冒険者である当時63歳の女性アニー・テイラー（Annie Edson Taylor）。彼女は学校の教師だったらしいが、貧しい未亡人として賞金稼ぎのために滝下りに挑戦した（2010年7月29日撮影）

写真197 ナイアガラ・フォールズ観光局発行の「ハネムーン／フルムーン証明書」（2010年7月29日撮影）

写真198 「ハネムーン／フルムーン証明書」の封筒（2010年7月29日撮影）

第7章 トロントとその周辺の名所旧蹟

写真199 ナイアガラ川の急流や渦の上を観覧するゴンドラ「ワールプール・エアロカー」（2010年4月22日撮影）

写真200 ナイアガラ地区周辺を周回するバス「ピープル・ムーバー」（2010年7月30日撮影）

見られるし、触れることも出来る。

めったにガイドブック類にも紹介されないので知る人はほとんどいないと思うが、このアイマックス劇場の隣に（実際には、たいへん見つけにくい所にある）ナイアガラ観光局のオフィスがあって、ハネムーンやフルムーンの夫婦が手続きすれば、その場でナイアガラ市長とナイアガラ・フォールズ観光局長の署名入りの記念証明書を発行してくれる。もちろん、観光客に喜んでもらうためのアトラクション的サービスに過ぎないが、なかなか手にする機会がないと思うと、ある意味でたいへん貴重な記念品である。

ナイアガラ滝の周辺にも観光スポットが多く、滝から北へ約11キロの所に1950年設置以来、記念写真撮影スポットとして人気のある「花時計」（Floral Clock）や約9キロの所に「植物園」（ボタニカル・ガーデンズ：Botanical Gardens）があるし、ナイアガラ河の急流や渦の上をゴンドラで観覧するアトラクション「ワールプール・エアロカー」（Whirlpool Aero Car）などあちこちに点在するので、とても徒歩では回りきれないので、滝周辺の観光スポットを頻繁に巡回している「ピープル・ムーバー」と呼ばれる循環バスを利用するのが一番である。料金を払うとシールをくれるので、それを衣服などの見える所に貼っておけば、その日1日乗り放題となる。

ナイアガラ地区を3路線で広くカバーしているバス（フォールズ・シャトル：Falls Shuttle）もあるが、周辺の観光スポットを順番に回るには「ピープル・ムーバー」が便利である。

ちなみに「植物園」は1936年にカナダ唯一の園芸学校として設立され、園内の植物も、また観光スポットの「花時計」の植物も、手入れは園芸学校の授業の一環として生徒が行っている。また植物園の敷地内に世界最大規模の蝶観察館「バタフライ・コンサバトリー」があって、2,000匹以上の蝶が見られる。

映画の好きな人には、「クイーン・ビクトリア公園」（河沿いのナイアガラ・パーク・ウエイ、アメリカ滝が正面に見える辺り）が、マリリン・モンローの主演した映画『ナイアガラ』のロケ地に使われたことに興味を持つだろう。

写真201　1950年にオンタリオ水力電気により設置された直径12.2mの秒針付きの花時計としては世界有数のもの。ナイアガラ園芸学校の授業の一環として生徒が花の世話をする。時計の上で1人花の手入れをしている姿が見える（2010年7月30日撮影）

写真202　ナイアガラ・パークウェイ沿いにある「ウェイサイド教会」（Wayside Chapel）。世界で一番小さな教会と言われるように、数人しか入れないが、この中で結婚式も挙げられる（2010年4月22日撮影）

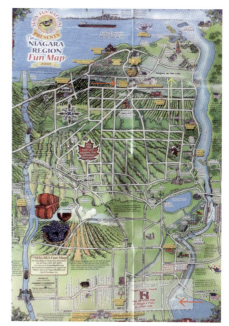

写真203　ナイアガラ地区の全体図（SUN'n FUN Maps）。地図右最上部の上向き黄色矢印の所が「ナイアガラ・オン・ザ・レイク」の街。右最下部の左向き赤色矢印の所が「ナイアガラ滝」。中央最上部の赤色右矢印の所が「ピリテリ・エステート・ワイナリー」

写真204　ナイアガラ・オン・ザ・レイクの目抜き通り地図（bits TOWN Vol 2, p. 19）

5 ナイアガラ・オン・ザ・レイク

　前節の「ナイアガラの滝」で述べたように、どこよりもナイアガラ滝が人気のあるのは当然だが、英国植民地時代にオンタリオ州が「アッパー・カナダ」であった頃の首都であり、初めてのカナダ総督公邸が置かれた場所であるので、このナイアガラ・オン・ザ・レイクの方が少なくとも史蹟として、より高い価値を持つと言える。

　ナイアガラ・オン・ザ・レイクは、「オン・ザ・レイク」（on the lake の前置詞 on は「（湖に）接する」という意を表す）の名の通り、ナイアガラ川がオンタリオ湖に注ぐ河口にあって、ナイアガラ滝との位置関係は写真203のナイアガラ地区全体図で一目瞭然であるが、カナダ滝からだと車で約20分

第7章　トロントとその周辺の名所旧蹟

写真205 街のシンボル「プリンス・オブ・ウェールズ・ホテル」(2010年4月22日撮影)

写真206 クイーン通りの街並みと時計台 (2010年4月22日撮影)

写真207 クイーン通りにある大人気のジャムの老舗「Greaves Jams & Marmalades」。1927年の創業以来、変わらぬ製法で、この街で採れたフルーツのみを使ってジャムを作り続けている (2010年4月22日撮影)

北上した所になる。

　写真204の地図の通り、街の目抜き通りは東西に走るクイーン通り(Queen St.)で、南北に走るビクトリア通り(Victoria St.)辺りを西の端、キング通り(King St.)を東の端として、ほんの2、3百メートルほどの間の道の両側に花が溢れ、観光客を引きつける数多くのしゃれた店やカフェ、レストラン、劇場などがひしめき合っている。

　東の端のキング通りに隣接して、街のシンボルである1864年創業の「プリンス・オブ・ウェールズ・ホテル」(The Prince of Wales Hotel)があり、クイーン通りの真ん中に1922年から時を刻む煉瓦造りの時計台が建っている。この時計台は1914年に勃発した第1次世界大戦で戦死した地元の戦没者の慰霊碑として建てられた。

　また周囲には数多くのワイナリーが点在していて、それぞれ自慢の各種ワインに出会える。(写真203のナイアガラ地区全体図の中央最上部の赤色右矢印の「ピリテリ・エステート・ワイナリー」周辺)

　なお、ナイアガラ・オン・ザ・レイクでは、ブルガリア人のタクシー運転手との出会いもあった。このような国籍を越えた交流も外国にいればこそであるので、少し書き残したい。

　2度目のナイアガラ滝はVIA鉄道で行ったので駅に到着し、バスの便が少なかったために目の前に停まっていたタクシーに飛び乗り、ホテルへ直行した。この時のMikeという白人の運転手の印象が良かったので名刺を貰った。その翌日、急に前回来た時に立ち寄った「ピリテリ・エステート・ワイナリー」(Pilliteri Estates Winery)でアイスワインを買って帰ろうと

思いつき、ワイナリーに急ごうと、貰っていた名刺を見てMikeに電話した。しかし、あまりに急だったので、あいにく先約があり、代わりに来てくれたのがブルガリア人の愛称Zack[*1]、本名Sahatchiev Zahari氏だった。顔立ちは正に2014年3月に大相撲を引退した元大関・琴欧洲勝紀（同じブルガリア人）を細く、小さくした感じの、たいへんハンサムな青年だった。ホテルから約20分ほどのワイナリーまで送って貰ったが、ワイナリーでは日本までワインを送って貰えるのか、などと交渉するのに小1時間かかってしまった。Zackは、その間、待機料金も取らずに私たちを待っていてくれて、またホテルまで送り帰してくれた。そのタクシー内での四方山話から妙に気が合い、互いに身の上話に花が咲いた。Zackは、生活のため8年前に単身、ブルガリアを出てニューヨークに来たこと。英語学校で懸命に勉強して日常生活に不自由しなくなり、仕事も出来るようになって、しばらくニューヨークでタクシー運転手をしていたこと。そして今、ナイアガラ地区に来てタクシー運転手をしていること。さらには、38歳の独身だが、社会主義国のブルガリア[*2]は、米国やカナダと政治も文化も大きく異なるので、ここでは結婚は考えていないこと。その上、筆者が「英文法を専門にしているが、しゃべるのはうまくない」と言ったら「充分に上手だし、あなたの英語が下手だと誰にも言わせないでくれ」と泣かせるセリフも聞かせてくれた。このような思いがけない人との出会いは、外国であれ、日本であれ、どこにいても一番嬉しいことだ。

*1　Zackが言うには、自分の愛称「ザック」はブルガリア語の「ザッカーリー」つまり「砂糖」を表す語の略語であるとのこと。

*2　ブルガリアは複雑な歴史を持ち、「ブルガリア帝国」から1党独裁の社会主義国「ブルガリア人民共和国」へ、その後、東欧の民主化の波を受け、現在の「ブルガリア共和国」になって今に至っている。

写真208　カナダVIA鉄道の「ナイアガラ滝駅」正面（2010年7月30日撮影）

第7章　トロントとその周辺の名所旧蹟

第8章 カナダ東部点描

オタワ国会議事堂内図書館（2010年8月20日）

1
オタワ

オタワは、トロントの東北約 300 キロに位置するカナダの首都である。隣接するケベック州ガティノーを併せて「オタワ首都圏」（NCR: National Capital Region）と呼ばれ、カナダ総督公邸、カナダ首相官邸、官庁の機関、各国の大使館が集まっている行政都市である。人口を見ると約 100 万人は、カナダ国内では約 500 万人のトロントや、モントリオール、カルガリーに次いで 4 番目とは言え、あくまでも筆者の主観に過ぎないが、決して大都市というイメージはない。

オタワがイギリス領カナダの首都になったのは、イギリス系のオンタリオ州とフランス系のケベック州の境界にあったことに加えて、当時、脅威になっていた米国との国境から離れているという軍事的理由もあって、1857 年に英国ビクトリア女王の裁定により決定された。

オタワまでは、トロントからだと飛行機で約 1 時間、長距離バスで 6 時間前後、VIA 鉄道で約 4 時間半の距離である。飛行機は空港までの移動時間がかかるので、結局はゆったりできる鉄道を選んだ。オタワ駅はカナダの首都の駅にしてはこぢんまりした印象で、しかも街の中心から離れており、移動にはバスかタクシーを利用して中心街に向かうことになる。バス停もコンパクトだし、バスの便数も多くない。到着した日は、タクシーで予約のホテルに直行した。

写真 209　VIA 鉄道オタワ駅構内（2010 年 6 月 19 日撮影）

写真 210　オタワ駅とバス停を結ぶ陸橋（2010 年 6 月 21 日撮影）

写真 211　OC Transpo のバスがリドー・センターのターミナルに停車（2010 年 6 月 21 日撮影）

2010年6月19日（土曜）から同22日（火曜）までオタワに出かけたが、単なる観光に留まらず、例えば第4章第3部2で取り上げた『謳い文句の「Toonie Tuesday」の慣用句の元になっている2ドル硬貨の通称「toonie」の由来を知るのに「カナダ造幣局」(Royal Canadian Mint)があるし、「カナダ国立自然博物館」(Canadian Museum of Nature)には、1ドル硬貨の図柄になった国鳥「あび」(loon)の剥製が見られるし[*1]、幻の図柄となった先住民の狩猟民族については「カナダ文明博物館」(Canadian Museum of Civilization)に豊富な資料や情報がある。またオタワが英語圏とフランス語圏の間にあって、普段の英仏語の使用の様子を知る好機にもなった。

写真214　カナダ文明博物館の玄関ホール風景（2010年6月21日撮影）

　リドー運河の西側がいわゆるダウンタウンで、ここにランドマークの国会議事堂がそびえているが、見所の多くはダウンタウンにあり、およそ1キロ四方といった範囲なので徒歩で充分見て回れる。ただ、リドー運河の東側、いわゆるロウワータウンや、アレクサンドラ橋を渡って、ケベック州側にある「カナダ文明博物館」辺りへ行くとなると、市内を走る市バス（OCトランスポ社の運営）を利用すると楽に見て回れる。

写真212　カナダ造幣局（ロイヤル・カナディアン・ミント）（2010年6月22日撮影）

写真213　カナダ自然博物館（2010年6月21日撮影）

写真215　リドー運河の水門が開く（2010年6月20日撮影）

写真216　バイタウン博物館とリドー運河の水門（2010年6月20日撮影）

写真219　国会議事堂内を丁寧に案内してくれた職員のConor氏と家内（2010年6月20日撮影）

写真217　ネピアンポイントから国会議事堂と左隅にリドー運河を望む（2010年6月20日撮影）

写真220　ノートルダム大聖堂（2010年6月20日撮影）

写真218　建国100年記念として国会議事堂前に点火されたセンテニアルフレームの炎（2010年6月19日撮影）

写真221　ノートルダム大聖堂と道路挟んで真向かいにあるカナダ国立美術館。ちなみにカナダ造幣局（ロイヤル・カナディアン・ミント）も目と鼻の先にある（2010年6月20日撮影）

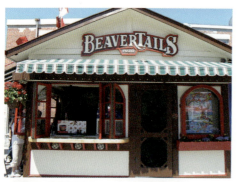

写真222　ここがオタワ名物「ビーバー・テイルズ」（揚げパンに砂糖をまぶしたお菓子）の本店（2010年6月21日撮影）

写真223　これがオタワ名物「ビーバー・テイルズ」（Beaver Tails）（2010年6月21日撮影）

写真224　いつも活気にあふれるバイワードマーケット界隈（2010年6月22日撮影）

　ダウンタウンの中心にオタワ最大の巨大なショッピングモール「リドー・センター」があり、無数の専門店のほか、デパートの「シアーズ」も入っているが、このリドー・センターの1階の表に、ほとんどのバスが発着するターミナルがあるし、センター内にOCトランスポのバス案内所兼チケット売場があって便利この上ない。蛇足になるが、このリドー・センターのフード・コーナーでは夕方になると値段を下げて、その日の中に処分しているが、色々な寿司も驚くほど安くなっていて、寿司好きの人には穴場と言える。

　オタワについては、第4章第3部の第2節や第4節、さらには第5章第10節などで、それぞれに引用することが多いが、それだけ豊富に役立つ情報がオタワにあったということである。ここには書き切れない多くの人たちとの出会いにも恵まれたが、すでに第5章第10節で述べたように、カナダ総督の公邸でミカエル・ジャン総督に出会えたことも、偶然とは言え、オタワを訪れたからこその僥倖であったと思う。

＊1　第4章第3部2の国鳥「あび」を参照。

2
モントリオール

モントリオール（Montréal）［フランス語で「モンレアル」］は、人口約380万人でカナダではトロントに次ぐ2番目の大都市である。また、フランス語圏として長年、フランスのパリに次ぐ世界で2番目に大規模な都市であったが、フリー百科事典『ウィキペディア』によれば、近年、旧ザイール、現コンゴ民主共和国の首都キンシャサに抜かれ、世界で3番目の規模のフランス語圏になったとのことである。しかし世界でも指折りの大きなフランス語圏であることに変わりはない。

モントリオールは、トロントから飛行機だと1時間15分前後、長距離バスだとコーチ・カナダ（Coach Canada）が直行便を出していて約7時間、VIA鉄道だとコリドー号で約5時間の所にある。

幸い留学先のヨーク大学も夏休みに入り、1週間程度なら気兼ねなく研究室を留守に出来るようになったので、モントリオールに出かけて、その足でローレンシャン（Laurentians［英語］; Laurentides［仏語］）高原のモン・トランブラン（Mont-Tremblant）にも立ち寄ろうと思い、2010年8月5、6、7日をモントリオール市内に滞在し、8日にモン・トランブランに移動して8、9日と2泊し、10日にトロントまで一挙に帰るというように計画した。ただ、フランス語が出来ない筆者にはかなり大変な旅になった。実は、モン・トランブランのホテルはネットで予約できたものの、モントリオールからモン・トランブランまでが全く分からないまま、モントリオールに向か

うことになった。2005年に初めてパリを訪れた時と同様、学生時代に2外としてフランス語を選ばずにドイツ語を選んだことが悔やまれた。

ちなみにケベック州でいかにフランス語が徹底されているかについて触れておくと、1976年以来、公用語がフランス語のみと定められ、地下鉄やバスのアナウンスから地名、道路名、道路標識、案内板に至るまで、全てフランス語で表示されている。極端な話、ケベック州でだけフランス語の名前に変える店や会社もある。例えば日本でも大人気の「ケンタッキーフライドチキン」（KFC: Kentucky Fried Chicken）は、フランス国内でも「KFC」で通しているのに、ケベック州でだけ「PFK」に変えている。フランス語の「Poulet Frit Kentucky」の頭文字を取って「PFK」であるが、本場フランスでも「KFC」でありながら、ケベック州でだけフランス語の「PFK」に変えるのは、フランスではフランス語のみという法律はないのに、ここでは法律でフランス語しか使えないからである。

さて、この時期にはカナダの旅行に充分慣れていて、どこに行くにも旅行社を通さず、旅のチケットからホテルの予約に至る

写真225　モントリオールのケンタッキー・フライドチキン「PFK」（*Yahoo! CANADA* Image Search より）

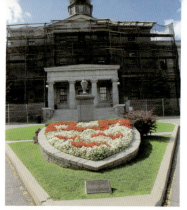
写真226 マギル大学の花壇は校章を模して造られている（2010年8月7日撮影）

写真228 マギル大学近くに建つRaymond Mason作の像。芸術の街らしく、いたる所にアートが見られる（2010年8月7日撮影）

写真227 マギル大学構内に建つ創立者James McGillの銅像（2010年8月7日撮影）

写真229 マギル大学近くの道路には足跡のアートがさりげなく描かれている（2010年8月7日撮影）

まで全て自分で出来たが、初めて訪ねる土地での、特に宿泊は、行って見て初めて分かることが多く、いくら旅慣れても、多かれ少なかれ冒険になった。そもそも言葉が分からない国や地方にガイドも頼まず、突然、独りで訪れること自体が「中年夫婦（老夫婦?）の冒険」だった。

　ネット上のホテル紹介・予約サイト（カナダで頻繁に利用したのは「Priceline.com」だった）から、モントリオールでの3泊は、日本の旅行ガイドブックにはほとんど紹介されないが中級の「デルタ・モントリオール」（Delta Montréal: 475, Président-Kennedy, Montréal, QC H3A1J7）を、モン・トランブランでの2泊はヒルトンの名を信じて、高級な「ホームウッド・スイーツ・ヒルトン」（Homewood Suites Hilton: 203-3035, chemin de la Chapelle, J8E 1E1）を予約した。特にモン・トランブランの宿泊情報が皆無に近かったので、ホテル自体の質や内容よりも見つけやすく便利な所になければ困るということで、他の旅行の時より、奮発して少しランクの高いホテルに決めた。

　モントリオールでは英国人ジェームズ・マギル（James McGill）の遺産を元に1821年に創立された、カナダ最古の大学「マギル大学」（McGill University）など、訪れたい目当ての場所は山ほどあったが、ホテルは

予約したものの、肝心のモン・トランブランへの行き方が全くわからないままにモントリオール入りしたので、モン・トランブラン行きのチケットを手に入れ、またバス乗り場がどこか分かるまでは、内心、落ち着かなかった。

　旅の初日、トロントのユニオン駅を午前9時30分に出発して、到着予定が30分遅れたものの、無事、午後3時20分過ぎにモントリオールの「セントラル駅」（Gare Central）に到着した。汽車の中でも車内販売の軽食を口にしたが、4月にケベックへ出張旅行した時、行きも帰りもこの駅で乗り継ぎがあって、その時に立ち寄って気に入ったバーガーショップ「Dame Nature」で、これまた気に入りのクラブ・サンドイッチや飲み物を買い込んで、そのままタクシーでホテルに直行した。ふだん見慣れないフランス語で埋め尽くされた地図を見るのも面倒だったし、2カ所を続けて旅行するための荷物が普段の旅行の倍もあったので、全てはホテルに着いてから、ということだった。ちなみにタクシーの車内でも、早速、フランス語の洗礼を浴びたが、たまたまイタリア人の運転手で、母語がイタリア語で生活のためにフランス語を覚えた仏伊バイリンガルで英語はほとんど出来ない中年男性だったので車内での世間話には正直、苦労したが、ホテルに着いて車を降りた時、「Merci」と言わずに「Grazie」と言ってチップを手渡したら、思いの外、たいへん喜んでくれた。

　モントリオールの街中は「北米のパリ」と称される通り、パリのシャンゼリゼ通りを歩いている気分になれるが、道行く人が皆、フランス語をしゃべり、街頭の掲示も

写真230　モントリオールのセントラル駅構内風景（2010年4月29日撮影）

写真231　モントリオールのセントラル駅構内のバーガーショップ「Dame Nature」（2010年4月29日撮影）

道路標識も、さらには店の看板まで、全てフランス語一色に染まっていることから、そう感じるのかもしれない。

　ただ、パリでは道を尋ねても英語で返事してくれる人が極めて少なく往生したが、モントリオールでは、2、3人に1人は英語で答えてくれるように思えた。パリのフランス人からは、パリにいるならフランス語をしゃべりなさいと言われているように感じたが、ここモントリオールでは、カナダの国自体が2カ国語政策を採っている上、様々な人種が共に暮らしている点で、パリとは少し違って見えるのかもしれない。

第8章　カナダ東部点描

写真232　ドルチェスター広場の北側に立つ観光案内所
(2010年8月6日撮影)

写真233　ドルチェスター広場の前にある「世界の女王マリア大聖堂」(Cathédrale Marie-Reine du Monde)。ローマのバチカン市国にあるサン・ピエトロ寺院を約3分の1に縮小して建てられた　(2010年8月6日撮影)

　宿泊するホテル「デルタ・モントリオール」は、地下鉄（フランス語圏なので「メトロ」[Metro]と呼ぶ）「マギル」(McGill)駅から徒歩5分ほどの所にあったが、実際にメトロに乗り始めたのはホテルに来て2日目の朝、観光案内所で情報を仕入れてからになった。マギル駅から1駅先の「ピール」(Peel)駅近くに観光案内所があることを地図で確認し、メトロでたったの1駅なので、ホテルから徒歩で向かった。西も東も分からないので、地図を広げていると、親切な白人のおじいさんが意外にも英語で「どこ

へ行きたいの」と声をかけてくれた。徒歩でピール駅を目指していると伝えて道順を教えてもらった。ついでに分かりにくかったメトロの入り口も教えて貰った。その親切に感激して、丁寧にお礼を言うと、そのおじいさんも喜んでくれて、堅く握手までし、別れ際に「昔、自分も初めてここへ来た時、同じようにとまどったんだ」と声をかけてくれた。旅先では人の親切が身に沁みる。

　観光案内所はドルチェスター広場(Square Dorchester)の向かいにあり、メトロとバスのいずれにも3日間乗り放題のチケットが安くて（当時17ドルのはずだが、何かの割引があって14ドルだった）お勧めだと教えて貰い、しかも館内で売っていたので、即、購入した。これ以降、メトロとバスをフル活用して、市内を効率よく見て回った。また、一番心配だったモン・トランブランへのバス会社の場所や乗り場もここで教えて貰ったので、早速、あちこちの観光のついでに、バスのチケット購入にも向かった。

　ところで、市内のメトロは4路線あり、それぞれを、オレンジ、グリーン、イエロー、ブルーに色分けしているので、路線図だけでなく、実際に駅に入ってからも分かりやすく、乗り間違えるような心配は一切ない。観光案内所の中で購入した3日間フリーパスは、メトロでもバスでも、ちょうど日本の「イコカ」や「スイカ」と同じように改札口の機械のカード読み取り面（ブルーに色付けされていて、すぐ分かる）に当てるだけ。路線図はメトロでもバスでも駅の改札口近くの係員がいる窓口で、あるいは観光案内所で、無料で貰えるし、これさえあれば、すぐに市内のどこにでも自由に行ける。

写真 234　メトロ（地下鉄）のMcGill駅への入り口（2010年8月7日撮影）

写真 235　McGill駅に到着する地下鉄。車両はゴムのタイヤを使用していて、パリのメトロと同じとのこと（2010年8月7日撮影）

写真 236　上が無料で貰えるポケットサイズのメトロ路線図で、下が3日間フリーパスのオモテ（左）とウラ（右）

写真 237　メトロとバスの路線を全て記載している無料の総合ガイドの表紙。市内の詳細な地図でもあり、広げると日本の新聞見開き（全紙版）の倍近くもある立派なもので、これがあれば、別に地図を買う必要は全くない

　最初からとまどうこともなくメトロに乗り、観光案内所の情報に従って、モン・トランブランにバスを運行している「ギャランロレンティッド」（Galland Laurentides）社が、メトロの「ベリ・ウカム」（Berri-UQAM）駅の地上階にバス案内所も券売所もバスデポ（bus depot：バス・ターミナル）もあるとのことで、とにかく「ベリ・ウカム」駅に行った。最初に「ギャランロレンティッド」の券売窓口で片言のフランス語を交えながらなんとか英語でチケットを購入したものの、バスの座席はもとより、出発の日付も時刻も書いていないので、心配になっ

第8章　カナダ東部点描

写真238　ジャックカルティエ広場 (Place Jacques-Cartier) には露店があふれている (2010年8月6日撮影)

写真239　ジャックカルティエ広場に続くサンタマーブル小路 (Rue Saint-Amable) は地元画家の絵が並んでいて、ケベックシティのトレゾール通り (Rue du Trésor) にそっくり (2010年8月6日撮影)

写真240　ノートルダム・ド・ボンスクール教会 (Chapelle Notre-Dame-de-Bonsecours)。船が入港する時の目印にもなった教会は船乗り達が航海の安全を祈って奉納した船の模型がつり下げられている (2010年8月6日撮影)

写真241　モン・ロワイヤル公園 (Parc du Mont-Royal) 展望台からの眺望。1976年に開催されたモントリオール・オリンピックの会場跡を利用したオリンピック公園 (Parc Olympique) や、その中に聳えるモントリオールタワー (Montréal Tower) も見える (2010年8月7日撮影)

て窓口で尋ねたが、若い黒人女性の係員はフランス語しかしゃべれないようで、全く話が通じない。いくらフランス語だけが公用語だと言っても、旅行客の中にはフランス語が出来ない客もいるはずなので、会社はもっと配慮すべきだと思う。その時、たまたま同じフロアの端にあったバスの案内所に英語で尋ねている人がいることに気づいて、そこでチケットの件を尋ねたら、「1年間有効のチケットなので乗車日時も座席も記入していない」と教えてくれたので、ほっとした。ここではモントリオールとモン・トランブラン間の時刻表もくれたが、

これを見るまで知らなかったが、1日に3便しかなく、目的地まで3時間以上かかるので、午前8時10分発の第1便に乗らなければホテルのチェックインに間に合わないし、そもそもモン・トランブランでの貴重な1日が無駄になる。綱渡りのようなモ

写真242　奇跡の「聖ジョゼフ礼拝堂」(Oratoire Saint-Joseph)。信仰の力で歩けない人を歩けるようにしたという「奇跡の人」アンドレ修道士が開いた小さな礼拝所から、彼を慕う人々の熱意で現在の壮大な礼拝堂が建てられた。今も年間200万人以上が巡礼に訪れるとのこと（2010年8月7日撮影）

ン・トランブラン旅行になったが、詳細は次節に譲る。

　心配していたモン・トランブラン行きのチケットも手に入り、目当ての市内散策も出来たので、急にガイドブックに出ていた日本食が食べたくなり（トロントでもしばらく和食の「絵馬亭」に行っていなかった）、メトロのオレンジ線で最寄りの「リュシアン・ラリエール」(Lucien-L'Allier) 駅に寄り、道に迷いながらも目当ての和食店「さくら」(Sakura: 2170 Rue de la Montagne) にたどり着いて、少し贅沢な昼食を取った。東京の料亭で修行を積んだ板前が腕を振るうとの情報に違わず、日本の料亭と変わらない料理で、味もボリュームも大満足。つい食が進んだ。他のお客が少なかったので女将さんとも話したが、定期的に帰国している（埼玉だと聞いた気がするが、記憶が定かでない）というような表には表れない日頃の積み重ねによって、外国にありながら日本の味や雰囲気をキープしているのかなと思う。帰りにチップを入れてお勘定をしようとしたところ、お代には13パーセントのサービス料が入っているのでチップは要らないと固辞された。こういう堅い所にも、外国人だけでなく日本人にも大人気の秘密があるように思う。

　街の様子は添付の写真をご覧いただくとして、些細なことながら1つ書き残したい思い出がある。この日「さくら」で少々贅沢な昼食をとった反動で、夜はホテルの自室でゆっくりとサンドイッチ程度で済ませ

3
モン・トランブラン

写真243　モントリオールのイートンセンターはトロントにあるイートンセンターより小さい（2010年8月7日撮影）

モン・トランブラン（Mont-Tremblant）には前節で述べたように、モントリオールに来てから運行しているバスを見つけて、幸いなんとか行けることになった。その「ギャランロレンティッド」（Galland Laurentides）バスはメトロ（地下鉄）の「ベリ・ウカム」（Berri-UQAM）駅にバス・ターミナル（バスデポ：bus depot）があるので、朝8時10分発の始発バスに乗るため、早々にホテルをチェックアウトしてタクシーでベリ・ウカム駅に向かった。メトロを使わなかったの

たいと思って、ホテルに戻る直前にVIA鉄道のモントリオール駅（正確には「セントラル駅」[Gare Central]）に立ち寄って、いつもの「Dame Nature」でクラブ・サンドイッチやビーフ・バーガーを買ったのだが、他のお客がいなかったので、つい「昨日も来たので、これが2度目になりました」と軽口をたたいたところ、この中年女性の店員さんは（英語を話してくれて助かったが）「あなたは2度目ではなくて、もっと前にも来ているから3度目よ」と答えたのには、本当に驚いた。もう3ヶ月も前に来たことを覚えていることが全く信じられなかった。この4月の終わりにケベックへ行く途中、汽車の乗り継ぎの合間に、ここへ来てクラブ・サンドを買い、家内と2人で店頭に並べられた簡易テーブルで食べたことを、まさか覚えていたとは。「こんなに丁寧にものを言う人は他にいないから、よく覚えているのよ」とのこと。何気ない客と店員のやり取りに過ぎないが、この女性の記憶力に単に驚いただけでなく、こんな些細なことにも筆者には人との出会いのようなものを感じて、忘れられない思い出の1つになっている。

写真244　「ギャランロレンティッド・バス」のモントリオール～モン・トランブラン往復チケット兼領収書。発車ゲートが「18番」とだけ手書きされている（帰国後に撮影）

写真245　モン・トランブランから帰りのバス時刻表。中央黄色の帯で示された2便のみで、実際にはモン・トランブラン12時発の便しか利用できなかった。なお、この時刻表の裏面にモントリオール発モン・トランブラン行きの時刻表が掲載されている（帰国後に撮影）

は荷物が多かったからだ。無事に出発の小1時間も前にバス・ターミナルに着いて、領収書兼チケットに記された18番ゲートで不安と期待の入り交じった気持ちを密かに隠しながらバスを待った。

　大勢の旅行客が次々とそれぞれのバスに乗って行ったが、モン・トランブラン行きには筆者と家内を入れても7、8人しか乗らなかったので、ほとんど貸し切りバス状態で、座席も眺めの良い最前列にゆったりと座れた。

　バスは市内のバス停を2カ所ほど回った後、高速道路117号線に入り、モントリオール北西部にあるローレンシャン高原に向かった。途中で運転手が（フランス語が出来ないので不正確だが）「乗客が少ないので降りたい場所をリクエストしてくれ」と言ったので、何人かの客がバス停でない所で下車したり、また終点のモン・トランブランまでの途中の観光スポットである「サンタデール」(Sainte-Adèle)や「サンタガット」(Sainte-Agathe)で下車してしまって、最後に終点のモンン・トランブランに降り立っ たのは筆者と家内だけだった。

　バスはモン・トランブラン・リゾート村の入り口「ボイジャー広場」(Place des Voyageurs)［写真246の地図の中央下15番の辺り］に停車するので、すぐに目の前にはおとぎの国のようなカラフルな町並みが姿を現す。誰もがこの瞬間、別世界の楽園へと引き込まれてしまう。

　このボイジャー広場には、ランドマークとなっている時計台のほか、観光案内所やレンタサイクル・ショップなどが軒を連ねている。この村の中心は、この広場から緩やかな坂道を300メートルほど上った「サン・ベルナール広場」(Place Saint-Bernard)で、遊園地のような施設もあり、夏には冬のスキー場を利用したリュージュ（ボブスレー）風の車（エンジンがなく、ハンドルとブレーキだけで坂道を一挙に下る）で遊べる。

　このサン・ベルナール広場から本格的なロープウェイに乗って山頂まで登れる。山頂までの乗車時間はたっぷり15分近くあるので、美しいモン・トランブラン周辺の景色が堪能できる。ちなみにボイジャー広場からサン・ベルナール広場までの緩やかな坂道の両側に色とりどりのおしゃれな店が並んでいるのでウィンドー・ショッピン

写真246　モン・トランブラン・リゾート村周辺の地図
（帰国後に撮影）

写真247　モン・トランブランの「リュージュ」もどきに乗って童心に帰る。家内の後方に筆者が迫る（2010年8月9日撮影、リュージュ施設の記念写真）

第8章　カナダ東部点描

グをしながら散歩するのも楽しいが、名物の「カブリオレイ」(Le Cabriolet)と呼ばれる無料の小型ロープウェイに乗ってカラフルで可愛い屋根屋根を越えて行くのも面白い。カブリオレイ自体が遊園地の雰囲気そのものだ。

サン・ベルナール広場の周辺にはホテルも集まっており、予約したヒルトン・ホテル(Homewood Suites Hilton)も山頂へのロープウェイや夏のリュージュもどきの乗り場が目の前にある便利な所にあったが、都会のヒルトン・ホテルのイメージとは少し違っていた。とは言え、快適なホテルで、食事も美味しく、何より部屋が広く、キッチンも完備していて、大家族が長期間滞在するのに格好のホテルだった。

モン・トランブラン・リゾート村は、カナダ東部で最大のスキー場であり、冬のスキーは言うまでもないが、秋は紅葉狩、春や夏はハイキングやサイクリングなどで楽しめるので、年中、観光客で賑わっている。遊園地のような遊技施設も多いので子供連れの家族客にも大人気である。

山頂に登るロープウェイ（ここではゴンドラと呼んでいる）は、1回往復するのに14ドル（冬期は17ドル）かかるが、ヒルトン・ホテルでは泊まり客に滞在中、何度でも無料で乗れるチケットをくれたので、ずいぶ

写真248　サン・ベルナールとボイジャー間のおしゃれな町並み（2010年8月8日撮影）

写真250　カブリオレイの乗り場風景。まるで遊園地の乗り物に乗るような光景（2010年8月9日撮影）

写真249　ロープウェイのゴンドラからの眺望（2010年8月9日撮影）

写真251　ボイジャー広場からカブリオレイでサン・ベルナール広場へ（2010年8月8日撮影）

写真252　ヒルトン・ホテルの玄関 (2010年8月9日撮影)

写真253　ヒルトン・ホテルの454号室。メゾネットタイプで、テラスのような2階にもキングサイズのベッドがある (2010年8月8日撮影)

　ん助かった。片道15分ほどの乗車は、結構、乗りでがある。フリーチケットがあると、ちょっと展望台で夕涼み、といった感じで気軽に利用出来る。

　このロープウェイのゴンドラは大人4～6人乗りで、客が混まない時には、皆、順番をずらしてでも仲間や家族とグループ単位で乗る人が多いが、家内と2人でゴンドラに乗ると、ずいぶん空きスペースがあるので、相乗りを気にしない人が一緒に乗り込んで来ることもある。狭いゴンドラの中で15分近くも顔を突き合わせていると、ちょっとした挨拶はどちらからともなく始めることになる。フランス語しか話さない白人の老夫婦とも少し挨拶したが、山頂から降りて来る時に、家内と2人で乗った途端、相乗りを承知で後から乗り込んで来たジョギング姿の中年男性（ピエール［Pierre Lachance］氏）が筆者たちの前に座って、居心地が悪そうだったので、こちらから「ご旅行ですか」と、英語で（英語しか出来ないが…）声をかけた。お声かけがよほど嬉しかったのか、それを皮切りにサン・ベルナール広場までの間、四方山話どころか身の上話にまで話が弾んだ。サン・ベルナール広場

からも3人でカブリオレイに乗って、ボイジャー広場に戻ってから、記念写真を撮ろうということになって、3人で写真も撮った。この時、ピエールさんが007ジェームズ・ボンドを演じた若い頃のショーン・コネリーに似ていると伝えたら、冗談だと思ったらしく「自分がショーン・コネリー

写真254　ボイジャー広場の時計台を背景にピエールさんと3人で記念写真 (2010年8月8日撮影)

写真255　ピエールさんの名刺 (帰国後に撮影)

写真256　ピエールさんが経営するオーベルジュ「ル・ラパン」(2010年8月9日撮影)

写真257　「ル・ラパン」のパンフレット。小さいが、真ん中にピエールさんが食事を用意している姿が写っている（帰国後に撮影）

なら、あなたはブルース・リーだ」とやり返された。筆者は本気でそう言ったのだが。

　彼はここから近いピノトー通り（Rue Pinoteau）に『ル・ラパン』（Le Lupin）という評判の良いオーベルジュ（Auberge：食事付きの宿。所謂イギリスのB&B）を経営されていて、地元の情報誌やガイド・ブックはもちろん、日本で出版されている旅行ガイドにも紹介されていることを誇りにされていた。確かに筆者の手元にある『地球の歩き方：カナダ』や『地球の歩き方：カナダ東部』に紹介されている。以前は（2005年頃）写真入りで紹介されていたが、その写真にはご長男と一緒に写っていたそうだ。

　実はこのモン・トランブラン・リゾート村は自動車乗り入れ禁止で、バスで来て良かったのだが、その分、当初はリゾート村から足を延ばす予定はなかった。しかしピエールさんのお誘いで、翌日、この土地のバスに乗って（と言ってもバス停1つだが…）彼のオーベルジュ「ル・ラパン」を訪れたが、お陰で、予定していなかった「トランブラン湖」（Lac Tremblant）の周辺も散策できた。

　旅先では様々な出会いがある。帰国後も、たまにピエールさんとメールをやり取りしているが、少しでも英文の中にフランス語を入れて、彼に喜んでもらいたいと努力している。

写真258　トランブラン湖風景。ピエールさんのオーベルジュ「ル・ラパン」のすぐ近くにある（2010年8月9日撮影）

4
ケベック

ケベック州の州都、ケベック市の正式名は「ケベック」(Quévec) で、州の「ケベック州」(le Quévec [仏語]、Province of Quebec [英語]) と全く同一で紛らわしいので、ケベック市については正式名ではないが「ケベック・シティ」(Ville de Quévec [仏語]、Quebec City [英語]) と呼んで、一般に区別している。

ケベック (以下、本書では「ケベック市」を「ケベック」と呼ぶ) までは、トロントから飛行機で1時間半ほどのフライト時間 (直行便の場合) で、VIA鉄道ならモントリオールで乗り継ぎをして正味9時間強の乗車時間となる。ただしVIA鉄道の乗り継ぎに約1時間かかるので、トロントを出てケベックに到着するのに10時間は見ておかなければならない。また長距離バスは、モントリオールからであれば直行便があり、「オルレアン・エクスプレス」(Orléans Express) の急行バスで3時間15分程度の乗車時間である。

筆者はトロントに来てまだ1カ月にしかならず、ナイアガラ滝ツアーには行ったものの、宿泊を伴う長距離のカナダ国内旅行は初めてなので、旅行社に頼んでVIA鉄道とホテルの予約をして貰い、2010年4月29日 (木曜) から5月2日 (日曜) まで3泊4日でケベックに旅行した。カナダでは鉄道旅行がしたかったので、10時間かかることはむしろ楽しみだった。

朝9時半にトロントのユニオン駅 (Union Station) を出発し、昼の3時にモントリオールのセントラル駅 (Gare Central) に着き、そこで1時間余りの時間、乗り継ぎ便を

写真259 ケベックのパレ駅正面 (2010年5月1日撮影)

待って、モントリオール午後4時10分発のケベック行きに再び乗車し、ケベックのパレ駅 (La Gare du Palais) に到着したのが、予定を少し遅れて夜の7時半だった。ちなみに長距離バスを利用しても、このパレ駅の後ろに隣接するバス・ターミナル「ガレ・セントラル・ドトビュス」(Gare Centrale d'Autobus) に到着する。

今回VIA鉄道に初めて乗ったので、車中でも日本との違いをあちこちに見つけ、すでに第IV章第3部第4節や第V章第13節などで述べたように車内放送の英語とフランス語の順序の交替など経験したり、日本とはまた異なった車内販売の軽食を色々試したりしていたので、長旅は一向に苦にならなかった。モントリオールを出てケベックに近づいた頃には窓外に雪景色を見ることになって、ふだん暮らしているトロントとの違いにも心を奪われた。また、モントリオールでの乗り継ぎ待ちの間に、駅構内のバーガーショップ「Dame Nature」で遅い昼食を取ったが、この店が大変気に入り、これ以降、機会ある毎に立ち寄ることになった。

さて、ケベックに到着してすぐにタク

写真260　ケベックのランドマークのホテル「フェアモント・ル・シャトー・フロントナック」をセント・ローレンス川沿いに造られた遊歩道「テラス・デュフラン」（Terrasse Dufferin）から眺める（2010年4月30日撮影）

シーでホテルへ直行したが、旧市街の中心にあるホテル・クラレンドン（Hôtel Clarendon）まで、駅から緩やかな上り坂を15分ほど走って無事、到着となった。タクシーに乗って辺りの道も見当がついたので、これからは歩いて駅まで行けることも分かった。

　このホテルは、図らずも誰もが旧市街の観光の出発点とする「ダルム広場」（Place d'Armes）が近くにあり、ホテルの真向かいには「市庁舎」（Hôtel de Ville）が、また裏手は「ホーリー・トリニティ教会」（Holly Trinity Anglican Cathedral）の玄関に面している。ホテルそのものは、近くにある超一流の「フェアモント・ル・シャトー・フロントナック」（Fairmont Le Château Frontenac）などには及ばないが、立地はもとよりフロント係の若い男性も女性もフランス語だけでなく英語も流ちょうで、大変丁寧に応対してくれるし、小さめながら客室は綺麗で清潔だし、食事も美味しいので、自信をもってお勧めしたいホテルである。

写真261　ケベックで宿泊したホテル・クラレンドンの玄関風景（2010年4月29日撮影）

　ホテルにチェックインした後、陽が沈むまでにはまだ少し時間があったので、早速、付近を散策して、世界遺産の旧市街を見て回った。暗くなってから、夕食は、英国のパブを期待して、近くのサン・ジャン通りにある（1087 Rue St-Jean）純英国風を謳っているパブ「サンタレクサンドル」（Saint-Alexandre）に行き、地ビールと地元料理をいただいた。実はこのパブでも第5章第6節で述べた面白い経験をした。

写真262　ケベック名物料理「プティン」(Poutine) をモントリオール駅構内の Dame Nature でも見つけた（2010年5月2日撮影）

写真265　「ダルム広場」に続く「トレゾール小路」(Rue du Trésor) には画家が集まる（2010年4月30日撮影）

写真263　ケベックの老舗レストラン「オーザンシャン・カナディエン」(Aux Anciens Canadiens)（2010年4月30日撮影）

写真266　ケベックの旧市街と新市街を結ぶサンルイ門 (Porte St-Louis) を新市街側から見る（2010年4月30日撮影）

写真264　プチ・シャンプラン通り (Rue du Petit Champlain) から小型ケーブルカー「フニキュラー」(Funiculaire) を見る（2010年4月30日撮影）

写真267　現在のケベックの基礎を築いたフランス人の探検家で地理学者のサミュエル・ド・シャンプランの銅像がダルム広場に建っている（2010年4月30日撮影）

第8章　カナダ東部点描

写真268 ケベック州議事堂の裏にあるビル「Marie-Guyart」の31階に360度ガラス窓から見渡せる「キャピタル展望台」(L' Observatoire de la Capitale) がある。ここからシタデルを眺める。ちなみにこの展望台の近くに駐車中の車を何気なく見て、第5章第9節4.で述べた「車のナンバープレートの刻印『Je me souviens』」に気づいた（2010年5月1日撮影）

写真269 「ノートルダム大聖堂」(Basilique-Cathédrale Notre-Dame de Québec) の正面（2010年4月30日撮影）

写真271 「文明博物館」(Musée de la Civilisation) のエントランスホールで。ちなみに「カナダ文明博物館」（写真214）とは別物。ここでたくさんの研究資料を収集した（2010年5月1日撮影）

写真270 戦場公園 (Parc des Champs-de-Bataille) (アブラハム平原 [Plaines d'Abraham]) に建つ当時の見張り台 (バスチョン)。小学校の子供達が歴史学習の遠足に来ていた（2010年5月1日撮影）

　筆者のケベック旅行の目的は、なんと言っても「フランス語圏の英語とフランス語の使用の実態」を知ることであり、またカナダ英語の成立に関わって来た様々な歴史的要素についての情報収集であったが、各博物館見学を中心に充分な収穫が得られただけでなく、世界遺産の旧市街や新市街の散策という旅の楽しみからも数多くの貴重な体験・知見を得ることが出来た。その多くは本書の中で述べているが、百の言葉で語るよりここに掲載した写真から、筆者がケベックで得た知見・経験を読み取っていただければと思う。

5
プリンス・エドワード・アイランド
(Prince Edward Island：PEI)

カナダの国は10州（Province）と3準州（Territory）から成っていて、面積、人口共に最も小さな州がこのプリンス・エドワード・アイランド（Prince Edward Island：PEI）である。小さいと言っても総面積は5,660km²で、日本の愛媛県とほぼ同じ面積なので、日本人が見れば、決して小さな島ではない。

PEIの特産はジャガイモであるが、この島を世界的に有名にしたのは、小説『赤毛のアン』（Anne of Green Gables）シリーズの舞台となったことであり、その作者のルーシー・モード・モンゴメリー（Lucy Maud Montgomery）が暮らした島だということである。

『赤毛のアン』のお陰で、州都であるシャーロットタウン（Charlottetown）よりも、大半の人が、その北西へ車で約1時間の村キャベンディッシュ（Cavendish）に関心を寄せるが、シャーロットタウンは、その州議事堂（Province House）でカナダ連邦結成の協議が重ねられ、1864年9月に開かれた、いわゆる「シャーロットタウン会議」で初めて連邦結成が合意され、その後1867年7月1日にカナダが建国された、正に歴史に名を残す街である。

このように、カナダ連邦発祥の地に興味を惹かれ、また英語に携わる1人としてモンゴメリーや『赤毛のアン』の縁の地を訪れたいと願っていた。

トロントからPEIに向かうのは、やはり飛行機が一番便利で、トロント以外にもモントリオールなど各主要都市からハリファックス経由の便でシャーロットタウン空港まで行けるが、トロントからだと1日1便程度、シャーロットタウン空港への直行便もある。時間の余裕があり、旅そのものを楽しむなら、ハリファックスまでVIA鉄道「オーシャン号」（寝台列車）や、長距離バスという手もあるが、急ぐならやはり飛行機に限る。

日本の旅行ガイドブックにはシャーロットタウン空港までエア・カナダを利用するように書いてあるが、筆者はカナダ国内の格安便を提供しているウエスト・ジェット（West Jet）を利用し、ホテル（Quality Inn & Suites Downtown）とレンタカー（National Car Rental）も出発前に手配して、2010年6月5日（土曜）から6月8日（火曜）まで（ヨーク大学の研究室を、これ以上留守に出来なかった）念願のPEIに出かけた。

シャーロットタウン空港までの所要時間はトロントから約2時間だが、正味の飛行時間は1時間半くらいである。短時間のフライトとはいえ、トロントとPEIとでは時差が1時間あり、トロント時刻で6月5日の17時にシャーロットタウン空港に到着してすぐに時計の針を1時間進めて、現地時間18時の到着となった。

どこに行っても日本との違いが多いので、ここに全てを書き残す余裕はないが、コンパクト・カーを予約して、借りる車はスズキのスイフトだと聞いていたのに、空港で用意されていたのは2,500ccの日産アルティマ（日産の北米限定車）だったので、どうしてと驚くより、小さなことにこだわらないカナダの大らかさのようなものを感じた。いずれにせよ、どうも予約のコンパ

写真272 シャーロットタウン市庁舎（2010年6月6日撮影）

写真273 この州議事堂（Province House）でカナダ連邦結成が成立した（2010年6月6日撮影）

クト・カーが手配できなかったというのが真相のようだったが、料金は予約時と変わらないと聞いて、喜んでアルティマを借りた。ちなみに、カナダのいくつかの地域で車のナンバープレートを車体の後ろにしか付けていないことに初めて気づいたのはこのレンタカーによってだった（第5章9節3を参照のこと）。

シャーロットタウン空港は想像していた以上に小さな空港で、レンタカー会社もエイビスからハーツまで数社が入っているものの、空港ロビーの片隅を簡単に仕切ったブースだけで、社員の姿も見えず、呼び鈴を押して待っていると各社兼任のような担当者が現れて、持参した予約書を渡すと、通り一遍の説明をし、契約書にサインをさせただけで、すぐに車のキーをくれた。車まで案内してくれるわけでなく、あいにく土砂降りの雨の中、レンタカーがずらりと並んだ露天の駐車場の一角に行き、契約したアルティマを苦労して探し出し、乗り込むことになった。

空港からシャーロットタウンの街中へ移動するのに空港バスなど一切ないが、シャーロットタウンの街中にはバスが走っている。それに街自体がこじんまりしているので、車を使わなくても主な見所は歩いて充分回れる。

先に述べた「シャーロットタウン会議」の開かれた州議事堂「プロビンス・ハウス」（Province House）も会議100周年記念に建てられた芸術センター「コンフェデレーション・センター」（Confederation Centre of the Arts）も高級住宅街に隣接するビクトリア公園（Victoria Park）も全て徒歩圏にある。このビクトリア公園の一角にはカナダ副総督の公邸もある。

この街の中心に当たるクイーン通りには「赤毛のアンの店」（The Anne of Green Gables Store）があるが、カナダ連邦発祥の地らしく、店の前の道路に置かれたベンチには、さりげなく初代首相マクドナルド（Sir John Alexander Macdonald）（の銅像）が鎮座している。『赤毛のアン』の舞台となった村キャベンディッシュはこのシャーロットタウンから北西へ車で小1時間走った海辺にある。シャーロットタウンとキャベンディッシュの間は公共の交通機関はない。毎年6月下旬から9月上旬の期間限定で「キャベンディッシュ・シャトル」（Cavendish

写真274 初代首相マクドナルド（の銅像）に語りかける家内（2010年6月7日撮影）

写真275 観光案内所はこの「ファウンダーズ・ホール」の中にある。毎年6月下旬から9月上旬の期間限定でミニバスがキャベンディッシュの観光案内所まで1日2往復運行している（2010年6月6日撮影）

Shuttle）と呼ばれるミニバスがシャーロットタウンの観光案内所（「連邦誕生記念公園」(Confederation Landing Park）の道路挟んだ隣にある「ファウンダーズ・ホール」(Founders Hall) の中にある）からキャベンディッシュの観光案内所（通称「赤毛のアンの家」やモンゴメリーの墓の近くにある）まで1日2往復運行しているが、基本的にキャベンディッシュ周辺の観光は、自分で車を運転して行くか、各旅行社のツアーを利用するしかない。

2010年6月7日（月曜）、PEIに来て3日目、家内もPEIでの運転が板に付き、朝から終日、キャベンディッシュ周辺の見物に出かけた。道はほとんど1本道（6号線）であるが、田舎道で標識もほとんど出ていないので、1度、途中の農家で作業中の男性に道を尋ねたが、最初の目的地である「グリーンゲイブルズ・ハウス」(Green Gables House：通称「アンの家」) に小1時間で到着できた。

小説さながらの「アンの家」を隅々まで見学し、その後、周囲にある「恋人の小径」(Lover's Lane) や「お化けの森」(Haunted Woods) をのんびり散策し、順次、小説の舞台となった場所やモンゴメリー縁の場所

写真276 ファン憧れの「赤毛のアンの家」(Green Gables House)（2010年6月7日撮影）

写真277 「アンの家」の2階にあるアンの部屋（2010年6月7日撮影）

第8章 カナダ東部点描

写真278　「お化けの森」にある立て看板（2010年6月7日撮影）

写真279　「恋人の小径」にある立て看板（2010年6月7日撮影）

　を回った。
　その後、車で移動してモンゴメリーの墓がある墓地の前で車を停めて墓参りをした後、「グリーンゲイブルズ郵便局」（Green Gables Post Office）を探すが見つからないので、持参した地図に載っているガソリン・スタンドに行って若い男性職員に尋ねたが、知らないと言う。そこで、マネージャーらしき年輩の女性に地図を見せて聞いても分からないと言うので弱りはてた。
　実は旅行中に大きなガイドブックなど持ち歩きたくなかったので、1ページでキャベンディッシュの地図を掲載している雑誌様のガイドブックを持って来たのだが、なんとその地図が間違っていた。
　結局、地図に頼らず、周囲を歩き回ってようやく見つけたが、地図とは全く違い、郵便局はガソリン・スタンドの右横に、キャベンディッシュ教会はその郵便局のさらに右側に並んでいた。
　地元でも世界的に有名なモンゴメリーや

写真280　モンゴメリーの墓。この時、たまたまカナダ人らしき白人の若い女性が、そっと墓地の土を一つまみ持ち帰る姿を見た。モンゴメリーや『赤毛のアン』のファンなのだろう（2010年6月7日撮影）

写真281　現地発行のCavendishのガイドマップは大まかな情報だけ（2010 *Official Prince Edward Island Handbook*, pp.60-61）

写真282 キャベンディッシュ教会。モンゴメリーはこの教会の日曜学校の先生をしていた。モンゴメリーが弾いたオルガンも当時のままに残されている。ここで夫のユワン・マクドナルド牧師と知り合った。なお、この手前にグリーンゲイブルズ郵便局がある（2010年6月7日撮影）

写真283 モンゴメリーの生家。母が亡くなり、祖父母に引き取られるまでの約2年、ここで育った（2010年6月7日撮影）

アンの縁の場所を皆が知っているわけではないことを実感したが、そもそも日本で作られたガイドブックは縁の場所を細かく案内しているが、地元のガイドブックには同じような記載がない。この点だけでも日本人がいかにモンゴメリーやアンに関心を寄せているかが伺えるし、日加の違いが如実に表れている。

グリーンゲイブルズ郵便局は、実際にモンゴメリーが小説の原稿を書きながら約3年間、勤めた郵便局であるが、今は当時の郵便局の様子を見せる博物館となっている。筆者は『赤毛のアン』のシルエットの消印が欲しくて、前夜、方々の知人宛の手紙や葉書を書いて、ここで投函した。（第5章8節「カナダの郵便事情」の8.2「グリーンゲイブルズ郵便局」の項目と掲載写真を参照のこと）

キャベンディッシュ教会の裏手にかなり深い森に続く入り口があって、ここを進むとモンゴメリーの住居跡もあったが、当時の井戸と家の礎石が残っているだけで、周りには蠅も異常に多かったので見学もそこにして急いで出た。

この後、再び車で6号線に戻り、「モンゴメリーの生家」（L.M. Montgomery's Birthplace）に立ち寄り、生後間もない頃にいた2階の部屋を見学した後、簡単な地図しか持ち合わせなかったので、管理人の年輩の女性に、これから先の道順を教えてもらい、PEIらしいフレンチ・リバー周辺の美しい風景や海辺の景色を楽しみながら、モンゴメリー・ヘリテージ博物館（L.M. Montgomery Heritage Museum）、「グリーンゲイブルズ博物館」（Green Gables Museum）、「輝く湖水」（Lake of Shining Water）を回り、最後に今は廃線となっている「ケンジントン駅」（Kensington Station）の駅舎跡（小説中、アンが初めてマシューに出会った駅のモデルは「ハンターリバー駅」だが、当時の駅の面影が伺える駅である）を見学した。

第8章 カナダ東部点描

写真284 トライオン岬近くに立つ灯台。PEIには美しい灯台が多い（2010年6月7日撮影）

写真287 シャーロットタウンのビクトリア公園沿いの遊歩道からも灯台が見える（2010年6月8日撮影）

写真285 ウッド・アイランズの海岸に立つ灯台（2010年6月8日撮影）

写真288 「グリーンゲイブルズ博物館」。今もモンゴメリーの親戚がこの館を守っている。この博物館のすぐ左側にアンが「輝く湖水」と呼んだ湖がある（2010年6月7日撮影）

写真286 島の東南、プリム岬に立つ1845年建造、PEI最古の灯台。丸いレンガ造りの灯台はカナダでここだけ（2010年6月8日撮影）

写真289 今は廃線の「ケンジントン駅」。小説の中で、アンが初めてマシューに出会った駅の雰囲気が伝わってくる（2010年6月7日撮影）

モンゴメリー・ヘリテージ博物館では、ほかに誰も客がいず、管理人のおじいさんと色々話したが、このおじいさんは自分がモンゴメリーの従兄弟の孫だと言っていた。親しくおしゃべりする日本人を気に入ってくれたようで、わざわざ鍵がかかった陳列棚から、アンが（実際には、モンゴメリーだと思うが…）大切にしていたという陶器の「マゴグ」(Magog) を取り出して来て、家内に抱かせて記念写真を撮らせてくれた。この陶器は「ゴグ」(Gog) とペアだったが、「ゴグ」は壊れてしまったとのことで、残ったマゴグはたいへん貴重だとのこと。普段は陳列棚のガラス戸越しにしか眺められない物を抱かせていただき、嬉しい思い出になった。

　PEI旅行の最終日、6月8日（火曜）はホテルの朝食もそこそこにチェック・アウトし、18時のトロント便まで丸1日あるので、PEIの東部を目指し、リトル・サンドにあるロシニョール・ワイナリー (Rossingnol Winery) を訪ねた。PEIのワイナリーは、今は（本書執筆の2014年9月の時点で）3軒あるようだが、筆者の渡加の頃にはロシニョールしかなかった。PEIのワイナリーの老舗として、様々なワインを造っているが、中でもフルーツ・ワインが評判で、ボトルのラベルも地元の女流画家の絵をたくさん使って、見た目も大変しゃれていて美しい。観光シーズン前の平日だったからか、他に客はなく、突然訪れた私たち夫婦をロシニョール夫人自ら丁重にもてなしてくれて、わざわざ奥の醸造工場まで見せてくれたし、何種類も人気のワインを無料でテイスティングさせてくれた。それで、トロントに帰って楽しむ分だけでなく、日

写真290　モンゴメリーのいとこの孫に当たる管理人のおじいさんと家内。モンゴメリー・ヘリテージ博物館にて（2010年6月7日撮影）

写真291　管理人のおじいさんのご好意により、アンが大切にしていたという、たいへん貴重な陶器の「マゴグ」を膝に抱かせてもらって記念写真（2010年6月7日撮影）

写真292　ロシニョール・ワイナリーのロシニョール夫人と家内。壁には一面、地元の女流画家の絵がかかっていて、それぞれがワインのボトルを飾っている（2010年6月8日撮影）

頃お世話になっている方々へのお土産にもと考えて10数本も購入した。

しかし油断していると、帰りの飛行機に搭乗する直前の手荷物検査場で事件は起こり、ワインは持ち込めないから、全部、捨てろと言われた。わざわざ買った土産なのにと思って、手荷物検査場から急いでウエスト・ジェットのカウンターに引き返して、そこにいた女性係員に相談すると、親切にもどこからかスノーボードを飛行機に積載する時に使うというビニール袋を探して来てくれて、10数本のワインをぐるぐる巻きにし、「壊れ物」(fragile) の札を付けて積んでくれた。このような出来事も、PEI が、さらにはカナダが一層好きになるきっかけとなった。

写真294　ロシニョールワイナリ風景（2010年6月8日撮影）

写真293　ロシニョールワイナリの正面玄関上の看板（2010年6月8日撮影）

参考文献

専門図書・論文

浅田壽男．2009a．「イギリス英語の背景――イギリス人の暮らし――」『言語理論の展開と応用――西川盛雄教授退官記念論文・随想集――』pp. 5-18. 東京：英宝社．

浅田壽男．2009b．「イギリス英語の背景――イギリス人の暮らし（その2）――」『言語と文化』第12号．pp.11-23. 関西学院大学：言語教育研究センター．

浅田壽男．2009c．「イギリス英語の背景――イギリス人の暮らし（その3）――」『社会学部紀要』第107号（真鍋一史教授退職記念号）．pp. 99-112. 関西学院大学：社会学部研究会．

浅田壽男．2010．「イギリス英語の背景――イギリス人の暮らし（その4）――」『言語と文化』第13号．pp.19-35. 関西学院大学：言語教育研究センター．

浅田壽男．2011．「カナダ英語の背景――カナダの暮らしと言語（その1）――」『社会学部紀要』第112号（大村英昭教授退職記念号）．pp. 55-62. 関西学院大学：社会学部研究会．

浅田壽男．2012a．「カナダ英語の背景――カナダの暮らしと言語（その3）――」『社会学部紀要』第114号（高坂健次教授退職記念号）．pp. 65-77. 関西学院大学：社会学部研究会．

浅田壽男．2012b．「カナダ英語の背景――カナダの暮らしと言語（その2）――」『21世紀 英語研究の諸相――言語と文化からの視点――』pp. 466-479. 東京：開拓社．

浅田壽男．2013．「カナダ英語の背景――カナダの暮らしと言語（その4）――」『社会学部紀要』第116号（八木克正教授退職記念号）．pp. 63-70. 関西学院大学：社会学部研究会．

浅田壽男．2014．「カナダ英語の背景――カナダの暮らしと言語（その5）――」『社会学部紀要』第118号．pp. 11-29. 関西学院大学：社会学部研究会．

飯野正子・髙村宏子・P.E. ロイ・J.L. グラナスティン．1994．『引き裂かれた忠誠心――第二次世界大戦中のカナダ人と日本人――』京都：ミネルヴァ書房．［飯野、他］

伊丹レイ子．1980．「カナダの英語」『時事英語研究』第34巻第12号（1980年3月号）．pp.28-34. 東京：研究社．

木村和男（編）．1999．『カナダ史』（新版　世界各国史23）東京：山川出版社．

新保満．1986．『カナダ日本人移民物語』東京：築地書館．

上山泰・井上澄子．1993．『イギリス風物誌』東京：篠崎書林．

Avis, Walter Spencer. 1965. *A Bibliography of Writings on Canadian English, 1857-1965*. Toronto: W.J. Gage.

Avis, Walter Spencer & A. Murray Kinloch. 1978. *Writings on Canadian English, 1792-1975: An Annotated Bibliography*. Toronto: Fitzhenry & Whiteside.

Barber, Katherine. 2007. *Only in Canada You Say: A Treasury of Canadian Language*. Ontario: Oxford University Press.

Bednarek, Adam. 2009. *Studies in Canadian English: Lexical Variation in Toronto*. UK: Cambridge Scholars Publishing.

Casselman, Bill. 1995. *Casselman's Canadian Words: A Comic Browse through Words and Folk Sayings Invented by Canadians*. Toronto: McArthur & Company.

Casselman, Bill. 1999. *Canadian Sayings : 1,200 Folk Sayings Used by Canadians*. Toronto: McArthur & Company.

Casselman, Bill. 2004. *Canadian Sayings 3 : 1,000 Folk Sayings Used by Canadians, All New Listings*. Toronto: McArthur & Company.

Chambers, J. K. 1975. *Canadian English: Origins and Structures*. Toronto: Methuen Publications.

de Wolf, Gaelan Dodds. 1992. *Social and Regional Factors in Canadian English: A Study of Phonological Variables and Grammatical Items in Ottawa and Vancouver*. Ontario: Canadian Scholars' Press.

Edwards, John. (Ed.) 1998. *Language in Canada*. Cambridge: Cambridge University Press.

Ireland, Robert John. 1979. *Canadian Spelling: An Empirical and Historical Survey of Selected Words*. Ph.D. Dissertation. Toronto: York University.

Korpics, Renata. 2009. *The Origins and Development of Canadian English : A Comprehensive Study*. Deutschland: VDM Verlag Dr. Müller.

Kortmann, Bernd & Kerstin Lunkenheimer. 2012. *The Mouton World Atlas of Variation in English*. Berlin: de Gruyter Mouton.

Lougheed, W. C. 1986. *In Search of the Standard in Canadian English*. Strathy Language Unit Occasional

Papers #1. Ontario: Queen's University.
Magnuson, Wayne. 1989. *Canadian English Idioms: Sayings and Expressions*. Calgary: Prairie House Books.
Orkin, Mark M. 1970. *Speaking Canadian English: An Informal Account of the English Language in Canada*. Toronto: General Publishing Company.
Orkin, Mark M. 1971. *Speaking Canadian French: An Informal Account of the French Language in Canada*. Revised ed. Toronto: General Publishing Company.
Orkin, Mark M. 1982. *Canajan, Eh?* Revised ed. Toronto: General Publishing Company.
McConnell, Ruth E. 1978. *Our Own Voice: Canadian English and How It Came to Be*. Toronto: Gage Publishing Ltd.
Scargill, Matthew Henry. 1974. *Modern Canadian English Usage: Linguistic Change and Reconstruction*. Toronto: McClelland and Stewart Limited.
Scargill, Matthew Henry. 1977. *A Short History of Canadian English*. Victoria, British Columbia: Sono Nis Press.
Schneider, Edgar W. (Ed.) 1997. *English Around the World Volume 1: General Studies, British Isles, North America, Studies in Honour of Manfred Görlach*. Amsterdam: John Benjamins Publishing Company.
Strevens, Peter. 1978. *British and American English*. London: Cassell Ltd.
Swan, Michael. 1980. *Practical English Usage*. Oxford: Oxford University Press.
Thay, Edrick. 2004. *Weird Canadian Words: How to Speak Canadian*. Alberta: Folklore Publishing.
Woods, Howard B. 1999. *The Ottawa Survey of Canadian English*. Strathy Language Unit Occasional Papers #4. Ontario: Queen's University.

辞書・雑誌類

荒木一雄（編）1999.『英語学用語辞典』東京：三省堂．
寺澤芳雄（編）2002.『英語学要語辞典』東京：研究社．
Guide to Canadian English Usage. 2007. 2nd edition. Ontario: Oxford Univ. Press.
Longman Dictionary of Contemporary English. 2005. 4th edition. Longman. [*LDCE* 4]
Oxford Advanced Learner's Dictionary of Current English. 2005. 7th edition. [*OALD* 7]
Ontario : Provincial Road Atlas. 2007. 7th edition. Ontario: Rand McNally Canada Inc.
The Canadian Oxford Dictionary. 2004. 2nd edition. Ontario: Oxford Univ. Press.
Toronto & Area : Barrie, Brampton, Burlington, Clarington, Markham, Mississauga, Oakville, Oshawa & More. 2010. Oshawa: MapArt Publishing Co.
『マップルマガジン カナダ』（まっぷるマガジン NO3）2009．東京：昭文社．
『地球の歩き方』編集室（編）．2002.『地球の歩き方（B16）カナダ 2011 ～ 2012 年版』東京：ダイヤモンド・ビッグ社．[『地球の歩き方──カナダ東部──』]
『地球の歩き方』編集室（編）．2002.『地球の歩き方（B18）カナダ東部 2010 ～ 2011 年版』東京：ダイヤモンド・ビッグ社．[『地球の歩き方──カナダ東部──』]
『地球の歩き方』編集室（編）．2006.『地球の暮らし方⑦カナダ 2006 ～ 2007 年版』東京：ダイヤモンド・ビッグ社．[『暮らし方』]
『ナイアガラ・トロント・メープル街道』（タビトモ アメリカ 06）2011．東京：JTB パブリッシング．
オンタリオスタイル編集室（編）．2009.『オンタリオスタイル──新しいカナダを発見する旅──』 東京：千早書房．
『プリンス・エドワード島と東カナダ』（旅名人ブックス 24）2007．東京：日経 BP 企画．
『るるぶ カナダ '10』（るるぶ情報版 c4）2009．東京：JTB パブリッシング．
『トロント / ナイアガラ / 中央カナダ』（旅名人ブックス 19）2008．東京：日経 BP 企画．
『わがまま歩き（7）カナダ』（ブルーガイド）2007．東京：実業之日本社．
『ワールドガイド：カナダ』2008．東京：JTB パブリッシング．
bits TOWN. 2010-2011 vol.2. (June 30, 2010) Toronto: Bits Box Inc.
bits TOWN. 2012-2013 vol.4. (June 30, 2012) Toronto: Bits Box Inc.
Black Creek Pioneer Village Visitor's Guide. 2010. Toronto: Toronto and Region Conservation Authority.

Canada's Wonderland 2010 Park Guide. Toronto: canadaswonderland.com.
Ontario Place 2010 Park Guide. Toronto: ontarioplace.com.
The Niagara Region Fun Map 2010. SUN'n FUN Maps, INC.
Toronto City Guide--The (i) on Toronto--2010-2011. Toronto: Shop・Dine・Tour.
Toronto Island Park Guide 2010. Toronto: www.toronto. ca/ parks.

インターネット Web サイト

「BIGLOBE なんでも相談室」:
　　http://Soudan.biglobe.ne.jp/
　　[2011 年 11 月 1 日]
「blogTO」:
　　http://www.blogto.com/deadpool/2008/07/little_tokyo_enters_the_deadpool/
　　[2011 年 11 月 1 日]
Canada Post:
　　http://www.canadapost.ca/cpo/mc/personal/productsservices/send/postagestamps.jsf
　　[2013 年 11 月 3 日]
LCBO (Liquor Control Board of Ontario):
　　http://www.lcbo.com/aboutlcbo/index.shtml
　　[2013 年 7 月 30 日]
Loonie Design（snopes.com）:
　　http://www.snopes.com/business/money/loonie.asp
　　[2013 年 8 月 18 日]
Province Quebec Web Site（ケベック州公式サイト）:
　　http://provincequebec.com/info_quebec/motto-license-plate/
　　[2013 年 8 月 26 日]
「Pub Saint-Alexandre」:
　　http://www.pubstalexandre.com
　　[2014 年 8 月 1 日]
Wonderland Official Web Site（ワンダーランド公式サイト）:
　　https://www.canadaswonderland.com/
　　[2014 年 8 月 26 日]
Wikipedia（フリー百科事典　日本語版）:
　　http://ja.wikipedia.org/wiki/
　　[2014 年 8 月 26 日]
Wikipedia, the Free Encyclopedia（Wikipedia フリー百科事典　英語版）:
　　http://en.wikipedia.org/wiki/
　　[2014 年 8 月 26 日]
「YAHOO! 知恵袋」:
　　http://chiebukuro.yahoo.co.jp/
　　[2011 年 11 月 1 日]
Yahoo! CANADA 天気予報:
　　http://ca.weather.yahoo.com/Canada/Ontario/Toronto-24157241/
　　[2014 年 10 月 30 日]

あとがき

　このままプリンス・エドワード島のお話で終わると、なんとなく本書の締め括りがつかない気がしたので、あえて「あとがき」を加えることにした。

　繰り返すまでもないが、本書は大きく3本の柱から成っており、「カナダ英語とはどのような言語か」「日常生活から知り得たカナダの暮らしや文化」「生活の場であったトロントを離れ、訪ねた土地での体験・知見」に分かれている。

　この3本の柱を貫いているただ1つの基本姿勢は「自分の目で見た事実を語る」という点に尽きる。従来それぞれの柱、ないし分野は、これまで色々なところで全く別物として取り上げられ、「英語学研究」「文化研究」「風物地誌」といった形でそれぞれが個別に語られて来た。特に3つ目の「風物地誌」は、たいてい「旅行記」といったジャンルで片づけられることが多かった。しかし、これら異質な3つの分野を1人の目で通して眺めることは、これまで見えなかったことに気づかせてくれると信じている。

　1人の目はまた、偏りが生じたり、一部しか見ていない危険性も無きにしも非ずだが、まずは何事に対しても自分の目で見て、自分なりの判断をすることが重要であることは多言を要さない。本書は、まだそのような理想にほど遠いが、言語の面でも暮らしの面でも旅の先々でも「まず自分の目で見ること」が大切だということを実践したつもりである。

　また見方を変えるなら、本書は図らずも「アメリカ英語やアメリカ人の暮らし」「イギリス英語やイギリス人の暮らし」「カナダ英語やカナダ人の暮らし」にまたがることになり、筆者自身のこれまでの来し方が全て映し出される結果となった。この点は実に感慨深いことである。

　そもそも海外留学というものは「金とヒマがあれば」のように思われがちだが、留学経験者の誰もが痛感するように、実際には仕事や学業の都合、年老いた親の介護、幼い子供の教育、さらには自分の健康状態等々に至るまで、簡単には書ききれないほど様々な条件が揃って、ようやく実現するものである。言うまでもないが、筆者自身

も具体的な話は避けるが、何度かの留学中には決して平和でバラ色の日々を過ごしたのではなく、遠く離れた日本での仕事に、家庭に、様々な悩み、苦しみ、心配事を抱えながらの日々であった。そのようなことを思うと、これまでに何度かの留学が経験できたことは幸運以外の何物でもない。

ところで本書の「はしがき」で幾多の恩師の思い出を綴ったが、今、小西先生のご生前にいただいたお葉書や封書の束を手にしていたら、写真 295 のようなお葉書が出て来た。筆者が北九州大学で教授に昇任した満 43 歳の春にいただいたお祝いのお葉書である。

このお葉書の「大学者に大成されんことを祈ります」とのお言葉は、これを見る度に先生のご期待に添えずにいる現在の我が身を恥ずかしく思うが、20 年余を経た今、改めて読み返すと「教授に昇進したことで慢心してはいけない」という戒めのお言葉であったと（自分に都合良く）解釈している。

しかし先生からいただいた歌の一節「大いなる望みを背（せな）に荷（にな）いつつラクダは砂漠を渡りつつある」は「今も道半ばであり、夢を持って一生努力を続けるべし」と筆者を常に諭し、叱咤激励してくれている。

もちろん筆者は、このラクダのように英語学という砂漠をこれからも渡って行きたいと強く望んでいるが、同時にまた何度かの留学の余禄として「人との出会いの喜び」を身にしみて知ったが故に、せめて元気でいるうちにこれまでに訪れることの出来た土地土地をもう 1 度訪れて、その時々に出会えた方々と再会し、心行くまでまた楽しく語り合いたいとも望んでいる。

いよいよ擱筆するに当たり、カナダ英語の“Stop and smell the roses.”を思い出す。この表現は字句通りではなく、「少し立ち止まり、これまで余裕がなくて見過ごしていた美しい物を味わい愛（め）でなさい」という意味で用いられている。まさに筆者の今の心境である。

末筆になりましたが、筆者の長話をこれまで辛抱強く、最後までお読みくださった読者諸兄姉に心から深く感謝申し上げます。

浅田壽男、九拝

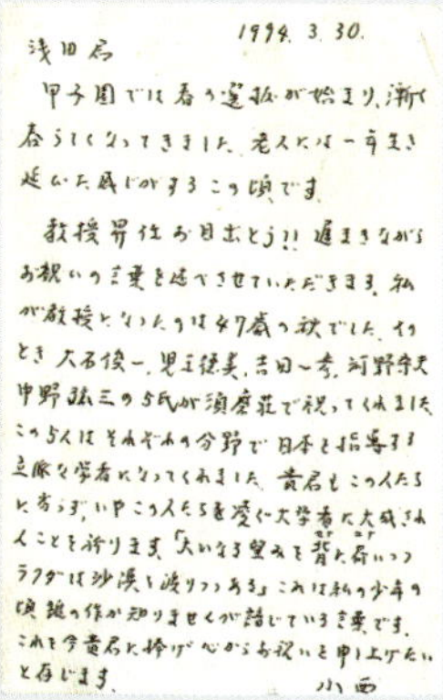
浅田君　1994. 3. 30.
甲子園では春の選抜が始まり、漸く春らしくなってきました。老人には一寸生き延びた感じがするこの頃です。
教授昇任おめでとう!! 遅まきながらお祝いの言葉を述べさせていただきます。私が教授となったのは47歳の秋でした。そのとき大石俊一、児玉徳美、吉田一彦、河野守夫、中野弘三の5氏が須磨荘で祝ってくれました。この5人はそれぞれの分野で日本を指導する立派な学者になってくれました。貴君もこの人たちに劣らず、いやこの人たちを凌ぐ大学者に大成されんことを祈ります。「大いなる望みを背に荷いつつラクダは砂漠を渡りつつある」これは私の少年の頃誰の作か知りませんが諳じている言葉です。これを今貴君に捧げ心からお祝いを申し上げたいと存じます。
小西

写真 295　小西友七先生からいただいた 1994 年 3 月 30 日付けのお葉書

索　引

I　人名

〈あ行〉

アニー・テイラー（Annie Edson Taylor）
　　……………… 127（写真 195 キャプション）
アルバート・オースティン（Albert William Austin）…… 117
アンナ・トンプソン（Anna Kathleen Austin Thompson）… 117
ウィリアム水野（William Mizuno）………………… 82
ウジェーヌ・エティエンヌ・タシェ（Eugene Etienne Tache）
　　……………………………………………… 87

〈さ行〉

ザック（Zack）＝サハチーフ・ザハリ（Sahatchiev Zahari）
　　……………………………………………… 131
サミュエル・ド・シャンプラン（Samuel de Champlain）
　　……………………… 153（写真 267 キャプション）
ジャック・カルティエ（Jacques Cartier）………… 16
ジェニー・グードウィル（Janey Gudewill）……… 45
ジェームズ・オースティン（James Austin）……… 117
ジェームズ・マギル（James McGill）
　　………………… 140、140（写真 227 キャプション）
ジョン・グレイヴス・シムコ［～将軍］（John Graves Simcoe）
　　……………………………………………… 118

〈た行〉

ダグ・マッケンジー（Doug Mackenzie）…………… 37
デイヴ・スティーブ（Dave Stieb）
　　…… 60、60（写真 57 キャプション、写真 58 キャプション）
デイヴ・トーマス（Dave Thomas）………………… 37
デイヴィッド・ロイド・ジョンストン（David Lloyd Johnston）
　　……………………………………………… 89

〈は行〉

ハンフリー・ギルバート［～卿］（Sir Humphrey Gilbert）
　　……………………………………………… 16
ピエール・ラシャンス（Pierre Lachance）
　　149、149（写真 254 キャプション、写真 255 キャプション）、
　　150、150（写真 256 キャプション、写真 257 キャプション、写真 258 キャプション）

ヘンリー・ミル・ペレット［～卿］（Sir Henry Mill Pellatt）
　　……………………………………………… 116
ホセ・バティスタ（Jose Bautista）
　　………………… 46、47（写真 35 キャプション）
ボブ・マッケンジー（Bob Mackenzie）…………… 37

〈ま行〉

マクドナルド［初代首相ジョン・A・～］
（John Alexander Macdonald）
　　………………… 156、157（写真 274 キャプション）
松井秀喜…………… 46、47（写真 34 キャプション）
松坂大輔………… 48、49（写真 36 キャプション）、60
ミカエル・ジャン（Michaëlle Jean）…………… 89、138
メアリー・ペレット［～夫人］（Lady Mary Pellatt）…… 116

〈や行〉

ユワン・マクドナルド［～牧師］（Ewen Macdonald）
　　……………………… 159（写真 282 キャプション）

〈ら行〉

リック・モラニス（Rick Moranis）……………… 37、38
ルーシー・モード・モンゴメリー（Lucy Maud Montgomery）
　　85、155、157、158、158（写真 280 キャプション）、
　　159、159（写真 282 キャプション、写真 283 キャプション）、
　　160（写真 288 キャプション）、161、161（写真 290 キャプション）
レイモンド・メイソン（Raymond Mason）
　　……………………… 140（写真 228 キャプション）

II　事項

〈あ行〉

ICB（Inter Campus Borrowing）………………… 23
赤毛のアン（Anne of Green Gables）
　　………………… 85、155、156、158（写真 280 キャプション）
赤毛のアンの家（Green Gables House）
　　………… 157、157（写真 276 キャプション、写真 277 キャプション）
旭山動物園［旭川市～］………………………… 111

| アッパー・カナダ（Upper Canada）
　‥‥‥‥‥‥‥‥‥‥‥　16、118、123、129
あび（loon）‥‥‥　56、57、57（写真 53 キャプション）、136
RP（Received Pronunciation: 容認標準発音）‥‥‥‥‥　61
アブラハム平原（Plaines d'Abraham）
　‥‥‥‥‥‥‥‥‥‥‥‥　154（写真 270 キャプション）
アメリカ滝（American Falls）‥‥‥‥‥‥‥‥‥‥　123
アルティマ（Nissan Altima）［日産～］‥‥‥‥‥‥　155
アンの部屋（Anne's Room）‥‥　157（写真 277 キャプション）
イケア（IKEA）‥‥‥‥‥‥‥‥‥‥‥‥‥‥‥‥　62
インクライン・レイルウエイ（Incline Railway）
［Niagara Falls ～］
　‥　125、126（写真 191 キャプション、写真 192 キャプション）
ウェスティン・ハーバー・キャッスル・ホテル
（Westin Harbour Castle Hotel）
　‥‥‥‥‥‥‥‥　104（写真 142 キャプション）、105
上野動物園［恩賜～］‥‥‥‥‥‥‥‥‥‥‥‥‥　109
H.I.S.［日本の旅行会社～］
　‥‥‥‥‥‥‥‥　122、122（写真 182 キャプション）
絵馬亭［トロントの和食店～］‥‥‥‥‥‥‥‥‥　145
LCBO
（Liquor Control Board of Ontario：オンタリオ州酒類管理局）
　‥‥‥‥‥‥‥‥‥‥‥‥‥‥‥‥‥‥‥‥‥‥　73
オーザンシャン・カナディエン（Aux Anciens Canadiens）
　‥‥‥‥‥‥‥‥‥‥‥‥　153（写真 263 キャプション）
王子動物園［神戸市立～］‥‥‥‥‥‥‥‥‥‥‥　110
OC トランスポ（OC Transpo）
　‥‥‥‥‥‥　135（写真 211 キャプション）、136、138
オーシャン号‥‥‥‥‥‥‥‥‥‥‥‥‥‥‥‥‥　155
オズグッド図書館（Osgoode Library）‥‥‥‥‥‥　23
オズグッドホール・ロースクール（Osgoode Hall Law School）
　‥‥‥‥‥‥‥‥‥‥‥‥‥‥‥‥‥‥‥‥‥‥　23
オタワ首都圏（NCR: National Capital Region）‥‥‥　135
お化けの森（Haunted Woods）
　‥‥‥‥‥‥‥‥　157、158（写真 278 キャプション）
オペハ‥‥‥‥‥‥‥‥‥‥‥‥‥‥‥‥‥‥‥‥　63
オルレアン・エクスプレス（Orléans Express）‥‥‥　151
オンタリオ州健康保険制度
（OHIP: Ontario Health Insurance Plan）
　‥‥‥‥‥‥‥‥‥‥‥‥‥‥‥‥‥　69、70、72

〈か行〉

輝く湖水（Lake of Shining Water）
　‥‥‥‥‥‥‥‥‥‥　159、160（写真 288 キャプション）
Canajan（Canajun）‥‥‥‥‥‥‥‥‥‥　31、40、61
カナダ国旗
　90、90（写真 109 キャプション、写真 110 キャプション、写真 111 キャプション）
カナダ国立自然博物館（Canadian Museum of Nature）
　‥‥‥‥‥‥‥‥‥‥‥　57（写真 53 キャプション）、136
カナダ国立美術館（National Gallery of Canada）
　‥‥‥‥‥‥‥‥‥‥‥‥‥　137（写真 221 キャプション）
カナダ総督（Governor General）‥‥‥‥‥‥‥‥‥　88
カナダ造幣局（Royal Canadian Mint）
　‥‥‥‥‥‥‥　57、58、136、136（写真 212 キャプション）
カナダ滝（Canadian Falls）
　123、125（写真 189 キャプション）、126、127（写真 195 キャプション）、128、129（写真 203 キャプション）、130
カナダ独立 150 周年‥‥‥‥‥‥‥‥‥‥‥‥‥‥　102
カナダ副総督（Lieutenant Governor）‥‥‥‥‥‥‥　156
カナダ文明博物館（Canadian Museum of Civilization）
　‥‥‥‥‥‥‥‥‥　136、154（写真 271 キャプション）
Canadian Raising‥‥‥‥‥‥‥‥‥‥‥‥‥‥‥　39
かばん語（portmanteau word）‥‥‥‥‥‥‥‥‥　56
黄色くちばし・あび（yellow billed loon）
　‥‥‥‥‥‥‥‥‥‥‥‥　57（写真 53 キャプション）
霧の乙女号（Maid of the Mist）
　124、125（写真 189 キャプション）、126（写真 190 キャプション）
ケベコア（Quebecois）‥‥‥‥‥‥‥‥‥‥‥‥‥　87
簡素化［綴り字の～］‥‥‥‥‥‥‥‥‥‥‥‥‥　48
Canteen‥‥‥‥‥‥‥‥‥‥‥‥‥‥‥‥　120、121
キャピタル展望台（L'Observatoire de la Capitale）
　‥‥‥‥‥‥‥‥‥‥‥‥‥　154（写真 268 キャプション）
キャベンディッシュ（Cavendish）
　‥‥‥‥‥‥‥　155、156、157、158（写真 281 キャプション）
キャベンディッシュ教会‥‥‥　159、159（写真 282 キャプション）
キャベンディッシュ・シャトル」（Cavendish Shuttle）
　‥‥‥‥‥‥‥‥‥　156、157（写真 275 キャプション）
ギャランロレンティッド（Galland Laurentides）‥‥　143、146
giveaway‥‥‥‥‥‥‥　59、60、60（写真 58 キャプション）
京都市動物園‥‥‥‥‥‥‥‥‥‥‥‥‥‥‥‥‥　109
キール・キャンパス（Keele Campus）‥‥‥‥‥‥　22
キンシャサ［旧ザイール、現コンゴ民主共和国の首都～］
　‥‥‥‥‥‥‥‥‥‥‥‥‥‥‥‥‥‥‥‥‥‥　139

グランド・キャニオン［米国コロラド州〜］‥‥‥‥‥125
グリーンゲイブルズ博物館 (Green Gables Museum)
　‥‥‥‥‥‥‥‥‥‥‥‥‥‥‥159、160（写真288キャプション）
グリーンゲイブルズ郵便局 (Green Gables Post Office)
　‥84、84（写真95キャプション、写真96キャプション）、158、
　159（写真282キャプション）
グレンドン・キャンパス (Glendon Campus)‥‥‥‥‥22
Globe and Mail［The〜］‥‥‥‥‥‥‥‥‥‥‥44、45
Good Friday（復活祭前の聖金曜日）‥‥‥‥‥‥‥‥120
形態素 (morpheme)‥‥‥‥‥‥‥‥‥‥‥‥‥‥64、65
ケンジントン駅 (Kensington Station)
　‥‥‥‥‥‥‥‥‥‥‥‥‥‥‥159、160（写真289キャプション）
ケンタッキーフライドチキン (KFC: Kentucky Fried Chicken)
　‥‥‥‥‥‥‥‥‥‥‥‥‥‥‥139、139（写真225キャプション）
恋人の小径 (Lover's Lane)
　‥‥‥‥‥‥‥‥‥‥‥‥‥‥‥157、158（写真279キャプション）
GOバス (GO Transit Bus)
　‥‥‥‥‥‥‥‥‥‥‥‥22、101、101（写真134キャプション）
国際交流基金トロント日本文化交流センター
　‥‥‥‥‥‥‥82、82（写真93キャプション、写真94キャプション）
国会議事堂 (Parliament)
　‥‥‥‥‥‥‥88、88（写真102キャプション、写真103キャプション）
ゴグ (Gog)‥‥‥‥‥‥‥‥‥‥‥‥‥‥‥‥‥‥‥‥161
コーチ・カナダ (Coach Canada)‥‥‥‥‥‥‥‥‥139
コニカ・ミノルタ・タワー
　‥‥‥‥‥‥‥‥‥‥‥‥123（写真186キャプション）、126
コリドー号‥‥‥‥‥‥‥‥‥‥‥‥‥‥‥‥‥‥‥139
壊れ物 (fragile)‥‥‥‥‥‥‥‥‥‥‥‥‥‥‥‥‥162
コンフェデレーション・センター
(Confederation Centre of the Arts)
　‥‥‥‥‥‥‥‥‥‥‥‥‥‥‥‥‥‥‥‥‥‥‥‥156

〈さ行〉

在トロント総領事館‥‥‥‥‥‥‥‥‥‥‥‥‥‥‥85
さくら［和食店〜］(Sakura)‥‥‥‥‥‥‥‥‥‥‥145
サンコー (SANKO Trading Co.)
　‥80、81（写真89キャプション、写真90キャプション）、82
サンタガット (Sainte-Agathe)‥‥‥‥‥‥‥‥‥‥147
サンタデール (Sainte-Adèle)‥‥‥‥‥‥‥‥‥‥‥147
サンタ・レクサンドル (Saint-Alexandre)
　‥‥72（写真81キャプション、写真82キャプション）、78、152

サン・ベルナール広場 (Place Saint-Bernard)
　‥‥‥‥‥‥147、148（写真248キャプション、写真251キャプション）、
　149
サンルイ門 (Porte St-Louis)‥‥‥‥‥153（写真266キャプション）
G20サミット‥‥‥‥‥‥‥‥‥‥‥‥‥‥‥‥‥‥‥97
ジャパン・タウン‥‥‥‥‥‥‥‥‥‥‥‥‥‥‥‥79
シャーロットタウン (Charlottetown)‥‥‥‥‥‥‥155
シャーロットタウン会議‥‥‥‥‥‥‥‥‥‥‥‥‥155
J-Town‥‥‥80、80（写真87キャプション、写真88キャプション）
シューリック・ビジネススクール (Schulich School of Business)
　‥‥‥‥‥‥‥‥‥‥‥‥‥‥‥‥‥‥‥‥‥‥‥‥23
狩猟民族 (voyageur)‥‥‥‥‥‥‥‥‥‥‥‥‥‥‥57
スカイロン・タワー‥‥‥‥‥‥‥‥‥‥‥‥‥‥‥126
squarer‥‥‥‥‥‥‥‥‥‥‥‥‥‥‥‥‥‥‥‥‥49
スコット図書館 (Scott Library)‥‥‥‥‥‥‥‥‥
　21（写真5キャプション）、23、23（写真9キャプション）、写
　真10キャプション）
スティーシー図書館 (Steacie Library)‥‥‥‥‥‥23
Staples Business Depot‥‥‥75、75（写真77キャプション）
staircase‥‥‥‥‥‥‥‥‥‥‥‥‥‥‥‥‥‥‥‥53
Stong College‥‥‥‥‥‥‥‥23、23（写真8キャプション）
Zoomobile‥‥‥109、109（写真160キャプション）、111
聖ジョゼフ礼拝堂 (Oratoire Saint-Joseph)
　‥‥‥‥‥‥‥‥‥‥‥‥‥‥‥145（写真242キャプション）
セクシャル・マイノリティ‥‥‥‥‥‥‥‥‥‥97、98
Zellers［デパート〜］‥‥‥‥‥‥‥‥‥‥‥‥‥‥52
戦場公園 (Parc des Champs-de-Bataille)
　‥‥‥‥‥‥‥‥‥‥‥‥‥‥‥154（写真270キャプション）
センテニアルフレームの炎‥‥‥137（写真218キャプション）
Centerpoint Mall
　‥‥52、73、73（写真72キャプション、写真73キャプション）
sox‥‥‥‥‥‥‥‥‥‥‥‥‥‥‥‥‥‥48、49、65

〈た行〉

diaper‥‥‥‥‥‥‥‥‥‥‥‥‥‥‥‥‥‥‥‥‥50
ダウンズビュー駅 (Downsview Station)‥‥22、108、120
多摩動物公園‥‥‥‥‥‥‥‥‥‥‥‥‥‥‥‥‥‥109
Dame Nature（ダーム・ナチュール）
　‥‥141、141（写真231キャプション）、146、151、153（写
　真262キャプション）
ダルム広場 (Place d'Armes)‥‥‥‥‥‥‥‥‥‥‥152
daredevil‥‥‥‥‥‥‥‥‥‥127（写真195のキャプション）
ティム・ホートンズ‥‥‥‥‥‥‥‥‥‥‥‥‥‥‥25

TTC (Toronto Transit Commission：トロント市交通局)
　　22、43、51、53、55、59、97、101、103、106、108、119

テーブル・ロック・・・・・・・・・・・・・・・・・・・・・・・・123
デルタ・モントリオール (Delta Montréal)・・・・・・・140
天王寺動物園［大阪市〜］・・・・・・・・・・・・・・・・109
token ・・・・・・・・・・・・・50（写真39キャプション）、51
toonie ・・・・・・・・・・・・・・・・・・・・・・・・・・・・56、136
Toonie Tuesday ・・・・・56、56（写真50キャプション）、58
Triage（治療優先順位の選別）・・・・・・・・・・・・・・70
東京ディズニーランド ・・・・・・・・・・・・・・・・・・・・99
tram ・・・・・・・・・・・・・・・・・・・・・・・・・・・・・・・・50
トランブラン湖 (Lac Tremblant)
　　・・・・・・・・・・・・・・150、150（写真258キャプション）
トレゾール小路 (Rue du Trésor)・・153（写真265キャプション）
Toronto City Pass
　　・・・・・・109、109（写真158キャプション）、111、115
トロント大学 (University of Toronto)
　　・・・・・・・・・・・・・・・・・・・22、22（写真6キャプション）
トロントニアン (Torontonian-s)・・・・・・・・102、117

〈な行〉

nite ・・・・・・・・・・・・・・・・・・・・・・・・・・・・・・・・48
napkin (nappy)・・・・・・・・・・・・・・・・・・・・・・・50
日本人街 ・・・・・・・・・・・・・・79、80、82、83、84
ヌーベル・フランス・・・・・・・・・・・・・・・・・・16、87
North York Centre
　　53、55、55（写真47キャプション、写真48キャプション、写真49キャプション）、75、75（写真77キャプション）
ノッティンガム大学［英国〜］
　　・・・・・・・45（写真31キャプション、写真32キャプション）
罵り語 (swear word-s)・・・・・・・・・・・・・・・・・46

〈は行〉

Passy Crescent
　　24、25、26（写真16キャプション、写真17キャプション、写真18キャプション）
バスチョン（見張り台）・・・・・154（写真270キャプション）
馬蹄形滝 (Horseshoe Falls)・・・・・・・・・・・・・123
ハネムーン／フルムーン証明書
　　・・・127（写真197キャプション、写真198キャプション）、128
perfect［the most 〜］・・・・・・・・・・・・・・・・・49
permanent marker ・・・・・・・・・・・・・・・・・・・74

ハンターリバー駅 (Hunter River Station)・・・・・159
Humber River Regional Hospital
　　70（写真69キャプション、写真70キャプション）、71（写真71キャプション）
PFK (Poulet Frit Kentucky)
　　・・・・・・・・・・・・・・・139、139（写真225キャプション）
Victoria Day（ビクトリア女王誕生祭）・・・・・107、119
ビバ・バス (Viva Bus)・・・・・・・・・・・・・・・・・・・22
ビーバー・テイルズ (Beaver Tails)
　　・・・・・・138（写真222キャプション、写真223キャプション）
ピープル・ムーバー (People Mover)［The Niagara Parks 〜］
　　・・・・・・・・・・・・・・128、128（写真200キャプション）
ピリテリ・エステート・ワイナリー (Pillitteri Estates Winery)
　　・・・・・・・・・・・・・・・・・・・・・・・・・・・・・・・・130
ファミリードクター (Family Practitioner)・・・・・・68
ファウンダーズ・ホール」(Founders Hall)・・・・・157
filler word（つなぎ言葉）［話の〜］・・・・・・・・・36
フェアモント・ル・シャトー・フロントナック
(Fairmont Le Château Frontenac)
　　・・・・・・・・・・・・・・152、152（写真260キャプション）
felt-tip (ped) pen（フェルト・ペン）・・・・・・・・74
不思議の国のアリス (Alice's Adventures in Wonderland)
　　・・・・・・・・・・・・・・・・・・・・・・・・・・・・・・・・107
プティン (Poutine)・・・・・・・153（写真262キャプション）
プチ・シャンプラン通り (Rue du Petit Champlain)
　　・・・・63（写真64キャプション）、153（写真264キャプション）
フニキュラー (Funiculaire)・・・153（写真264キャプション）
Priceline.com ・・・・・・・・・・・・・・・・・・・・・・・140
ブライダル・ベール滝 (Bridal Veil Falls)・・・・・123
ブランプトン・バス (Brampton Transit Bus)・・・・22
ブルージェイズ (Blue Jays)［トロント・〜］
　　・・・・・46、49（写真36キャプション）、58、59、60
フロスト図書館 (Frost Library)・・・・・・・・・・・・23
float（山車：だし）・・・・・・98（写真120キャプション）
ブロンフマン図書館 (Bronfman Library)・・・・・・23
文明博物館 (Musée de la Civilisation)
　　・・・・・・・・・・・・・・・・・・・154（写真271キャプション）
米英戦争 (War of 1812)・・・・・・・・・・・・・・・118
ベリ・ウカム (Berri-UQAM)・・・・・・・・・143、146
ボイジャー広場 (Place des Voyageurs)
　　147、148（写真248キャプション、写真251キャプション）、149

ホテル・クラレンドン (Hôtel Clarendon)
・・・・・・・・・・・・・・・ 152、152 (写真 261 キャプション)
Bob & Doug [TV シリーズ〜] ・・・・・・・・・・・ 38
bobblehead ・・・・・・・・・ 59、60、60 (写真 58 キャプション)
ホームウッド・スイーツ・ヒルトン (Homewood Suites Hilton)
・・・・・ 140、148、149 (写真 252 キャプション、写真 253 キャプション)
ホーンブロワー・ナイアガラクルーズ」
(Hornblower Niagara Cruise)
・・・・・・・・・・・・・・・・・・・・・・・・・・・ 124

〈ま行〉

マギル大学 (McGill University)
・・・・・ 140、140 (写真 226 キャプション、写真 227 キャプション、写真 2282 キャプション、写真 229 キャプション)
マゴグ (Magog) ・・・・・・・ 161、161 (写真 291 キャプション)
Marie-Guyart [〜ビル] ・・・・・ 154 (写真 268 キャプション)
モンゴメリーの生家 (L.M. Montgomery's Birthplace)
・・・・・・・・・・・・・・・・ 159、159 (写真 283 キャプション)
モンゴメリー・ヘリテージ博物館
(L.M. Montgomery Heritage Museum)
・・・・・・・・・・・ 151、161、161 (写真 290 キャプション)
モンレアル ([仏語] Montréal)・・・・・・・・・・・・・・ 139

〈や行〉

YU カード ・・・・・・・・・・・ 24 (写真 11 キャプション)、26
ユニバーサル・スタジオ・ジャパン (USJ)
・・・・・・・・・・・・・・・・・・・ 99、102、103
ヨークの戦い (Battle of York) ・・・・・・・・・ 118、121
ヨークレーン (York Lanes)
22、22 (写真 7 キャプション)、25、25 (写真 13 キャプション、写真 14 キャプション、写真 15 キャプション)、62 (写真 59 キャプション、写真 60 キャプション)、74、74 (写真 75 キャプション、写真 76 キャプション)、75

〈ら行〉

rounder [make your circle 〜] ・・・・・・・・・・・・ 49
LAPS (Faculty of Liberal Arts and Professional Studies)・・・・ 23
リドー運河 (Rideau Canal)
・・・・・ 136、136 (写真 215 キャプション)、137 (写真 216 キャプション、写真 217 キャプション)
リドー・センター (Rideau Centre) ・・・・・・・・・・・ 138
リトル・トーキョー [米国ロサンジェルスの〜] ・・・・・・・ 79

Little Tokyo ・・・・・・・ 80、81、81 (写真 91 キャプション)
リュージュ ・・・・・・・・・ 147、147 (写真 247 キャプション)
loonie ・・・・・・・・・・・・・・・・・・・・・ 56、57
ルーツ (Roots)
・・ 52、52 (写真 44 キャプション、写真 45 キャプション)、53
ル・ラパン (Le Lupin)
150、150 (写真 256 キャプション、写真 257 キャプション、写真 258 キャプション)
レインボー・ブリッジ (The Rainbow Bridge)
[〜 Niagara Falls]
・・ 123、124 (写真 187 キャプション、写真 188 キャプション)
letter pad ・・・・・・・・・・・・・・・・・・・ 75、76
ロケット・バス (Rocket Bus) [TTC 〜]・・・・・・ 22、108
Rogers 球場 (Rogers Centre)
46、47 (写真 33 キャプション)、48、49、49 (写真 36 キャプション、写真 37 キャプション)、50 (写真 38 キャプション)、58 (写真 55 キャプション)、59、59 (写真 56 キャプション)、119
Rogers チャンネル ・・・・・・・・・・・・・・・・・・ 48
ロシニョール・ワイナリー (Rossingnol Winery)
161、161 (写真 292 キャプション)、162 (写真 293 キャプション、写真 294 キャプション)
ロブローズ (Loblaws)
55、55 (写真 47 キャプション、写真 48 キャプション、写真 49 キャプション)

著者紹介

浅田壽男（あさだ・ひさお）

1950年兵庫県尼崎市生まれ。
1975年神戸市外国語大学卒業。
1975～79年兵庫県立高校教諭。
1977年米国ハワイ大学短期留学。
1978年神戸市外国語大学大学院修了（英語学専攻）。
1979～2000年北九州大学外国語学部助手、専任講師、助教授、教授。
1983～84年米国カリフォルニア大学バークレー校客員研究員。
2005～06年英国ノッティンガム大学客員研究員。
2010年カナダ・ヨーク大学客員研究員。
2000年～現在
　関西学院大学社会学部教授ならびに同大学院言語コミュニケーション文化研究科教授。

著書：『英語学研究』（97年、大学教育出版）、『新版 英語学講義』（97年、大学教育出版）など。

論文：「Problems for Relational Grammar」（『言語研究の諸相』81年、研究社）、「語順の音韻原理」（『現代の言語研究』88年、金星堂）、「命令文の成立条件」（『現代英語の語法と文法』98年、大修館）、「場所辞を目的語に取った構文」（『現代言語学の射程』2000年、英宝社）、「二重目的語の語順と『限定性』『有生性』」（『英語語法文法研究の新展開』2005年、英宝社）、「There 構文の限定主語」（山口書店『語法研究と英語教育』創刊号、79年）、「間接目的語と変形」（同誌第5号、82年）、「態の記述を巡って」（同誌第6号、83年）、「等位表現の語順」（同誌第8号、86年）、「マイオーピア」（同誌第10号、88年）、「ENVY の語法」（大修館『英語教育』81年2月号）、「続 ENVY の語法」（同誌85年1月号）、「代名詞的場所副詞の前置」（研究社『英語青年』85年1月号）、「多重の場所指定」（同誌86年6月号）、「等位の語順」（同誌88年6月号）、「in favor of の新用法」（同誌96年4月号）、「Movement and Word Order of Two Constituents」（関西言語学会 KLS 第2号、82年）、「条件付きでいう」（アルク出版 The English Journal, 91年10月号）、「存在文の統語構造」（六甲英語学研究会 Corpus 第11号、77年）、「存在文埋め込みの文法性」（同誌第12号、78年）、「構造保持制約の仮説」（神戸外大・水門の会『水門』第12号、80年）、「痕跡理論の諸問題」（同誌第13号、82年）、「Brief Note on Collapsing Relational Hierarchy」（北九州大学『外国語学部紀要』第39号、79年）、「Labov の生成音韻論」（同誌第41号、80年）、「英語形容詞の不定詞補文」（同誌開学35周年記念号、82年）、「分離不定詞」（同誌開学50周年記念号、97年）、「Word Order Rules」（関西学院大学 Humanities Review 第13号、2009年）、「語順を決める語用論的要因」（関学・言語教育センター『言語と文化』第4号、2001年）、「日英語の能動受動態」（同誌第5号、2002年）、など約50編。

辞書（分担執筆）：『英語基本動詞辞典』（80年、研究社）、『英語基本形容詞・副詞辞典』（89年、研究社）、『ランダムハウス英和大辞典 第2版』（94年、小学館）、『現代英語語法辞典』（2006年、三省堂）。

〈関西学院大学研究叢書　第 171 編〉

カナダの暮らしと言語
―カナダ英語の背景―

2015 年 3 月 25 日　第 1 版第 1 刷発行

著　者　　浅田壽男(あさだひさお)

発行者　　原　　雅久

発行所　　株式会社　朝日出版社

101-0065 東京都千代田区西神田 3-3-5
電話（03）3263-3321（代表）

ブックデザイン：越海辰夫（越海編集デザイン）
印刷：図書印刷株式会社

©Hisao Asada 2015, Printed in Japan
ISBN978-4-255-00823-3 C0095

乱丁・落丁の本がございましたら小社宛にお送りください。
送料小社負担でお取り替えいたします。
本書の全部または一部を無断で複写複製（コピー）することは、
著作権法上での例外を除き、禁じられています。